「高く売る」戦略

プレミアム商品"こだわり"の源を探る

大崎孝徳

Osaki Takanori

同文舘出版

プロローグ

みなさん、「高く売りたい」と思っていますか？

食パンの〝超熟〟（敷島製パン）や〝本仕込〟（フジパン）、シャンプーの〝ツバキ〟（資生堂）や〝アジエンス〟（花王）、ともにヒット商品ということ以外に共通することがあります。何かおわかりでしょうか？　これにハーゲンダッツを加えるとどうでしょう？〝ヱビスビール〟、さらに、レクサスでは？　ダメ押しで、〝ザ・プレミアム・モルツ〟（答えが商品名に入っていますが）では？

そう、もうおわかりですよね。デフレが高らかに叫ばれるなか、これらの商品は高価格にもかかわらず、順調な販売を維持してきた〝プレミアム商品〟です。

100円均一ショップでもシャンプーは買えますし、大手スーパーのPB（プライベート・ブランド：小売商の自社ブランド商品）の食パンやビールも広く行きわたっているのに、なぜでしょう？　よく言われるように、「消費者って低価格が大好き！」ではなかったのでしょうか？

「高く売る」、このことは実にシンプルで、自明の理で、本来、売り手なら間違いなく望むはずです。しかし、真剣にこの課題に取り組んでいる企業が世の中に何社あるのでしょう？

9分9厘、「いかに他社より安く売るか？」に手一杯で、「高く売る」なんて夢にも思わなくなってしまっているのではないでしょうか？

脱〝80点〟の商品！

アベノミクスに代表されるような政府の政策や景気の循環などの影響で、この先、株価や地価などが高騰することもあるでしょう。しかしながら、基本的に一般的な商品の価格のレベルが今後上昇していく可能性は低いと私は思っています。

なぜなら、成熟した消費社会では、革新的な新製品投入直後などの特別な期間を除き、概ね商品の供給が需要を上回っているからです。

それどころか、日本では少子高齢化による市場縮小、新興国メーカーの本格的な進出など、低価格化の傾向は一段と強くなっていくと考える方が自然でしょう。

となると、今までうまくいっていた「消費者がまあまあ納得し、不満は言わない程度の一般的な品質で、そこそこの価格」という、言わば〝80点〟の商品では低価格競争に巻き込まれていくことは必然です。

大きなシェアを有し、薄利多売を志向するリーダー企業（業界ナンバー1のシェアを有する企業）ならば、〝規模の経済〟を働かせ、何とか対応することも可能かもしれませんが（それでもかなり大変でしょうが）、それ以外のほとんどの企業にとって利益の創出はかなり難しくなると思います。

よって、消費者が感動するほどの〝120点〟の商品、しかも他社が簡単には真似のできない商品の開発が利益を創出するために極めて重要なポイントとなります。

本書では、実際に成功したプレミアム商品の〝こだわり〟の源を探り、高価格ながらも順調な販売を維持する商品を生み出すための戦略について考えていきます。

〝マス・プレミアム〟に注目！

みなさん、最近、〝プレミアム〟を修飾語とする商品をよく見かけると思います。〝プレミアム商品〟は通常、他の商品よりも割高に設定されています。にもかかわらず、好調な販売を持続させているケースが少なくありません。よって、成功した〝プレミアム商品〟は「高く売る」好例と捉えることができます。

こうした背景のもと、私は日本企業が今後注力すべき重要な戦略の1つとして、「高く売る」戦略に注目しています。例えば、マーケティングにおいて、「高く売る」と関連するテーマと言えば、長きにわたり〝ブランド〟に研究者と実務家の双方から熱い視線が注がれてきていますが、ブランドは〝かわいい〟、〝かっこいい〟といった消費者の気分・情緒に大きく依存するため、企業がその構築に向け、戦略的に取り組むことが未だに困難な課題となっている状況です。よって、情緒的価値の創造よりも、消費者の期待を大きく上回る、品質を中心に〝高い機能的価値〟を持つ商品を開発・販売していくことに注目しています。

一言に〝プレミアム商品〟と言いましても、様々な価格レベルの商品があるわけですが、

「高く」の範囲に関して、超高級品は含まず、概ね同一カテゴリー内の他の商品より3倍程度までの価格の範囲内に絞り、これらを〝マス・プレミアム商品〟と称し、本書の対象としています。

私が「高く売る」に注目する本意は、「いかに低価格競争を回避するか！」であるため、この範囲で十分だと考えています。また高級ブランドバッグのように、一般の商品価格の何十倍もするような、いわゆる贅沢品と言われるラグジュアリー商品の成功においては、情緒的価値をはじめ、様々な複雑な要因が大きく寄与しており、そうしたエッセンスを一般商品向けに抽出・整理することは極めて困難であり、本書の対象とはしていません。

〝プレミアム商品への挑戦〟を阻む妄想（言い訳）もろもろ

どんな企業でも、本来なら「自社の商品を高価格で販売し、高収益を確保したい」と思っているはずです。しかし、実際、そうした目標に向けた活発な動きはなかなか見られません。もちろん、他社との競合や取引先からの圧力などの影響は大きいでしょうが、初めから挑戦すらせず、安売りに流れている印象を受けます。その理由は概ね、このような感じではないでしょうか？

Q デフレで高いものは売れない？

Q 買ったとしても、一部のお金持ち？

Q 売れるとしても一部の嗜好品？

Q 〝プレミアム商品〟を売るには自社にブランドがないとダメ？

Q 開発する資金や人材などに余裕がない？

Q 開発してもマスメディアを活用した大々的な広告を展開する余裕がない？

Q たとえ品質にこだわっても、どうせ消費者にはわからない？

Q やはり薄利多売に勝るものはない？

などなど……

しかしながら、本書をお読みいただければ、こうした理由は事実ではなく、「単なる妄想だ」ということが理解いただけると思います。つまり、自社において〝プレミアム商品〟に取り組めない理由は全く存在しない、言い換えれば、どのような企業にも必ずチャンスがあるということです。

さあ、みなさん、思考のスイッチを180度切り替え、「高く売る」に挑戦してください。

本書は、「企業が大儲けするにはどうすればよいのか?」ということを意図して執筆されたものではありません。100円ショップの台頭、PBの進展、家電量販店など大手流通業者間での値引き競争、ネット通販の進展などにより、本来、得るべき正当な利益を確保できず、多くの企業が苦しむという悪しき低価格競争を見て、消費者が納得し、企業も適正な利益を得ることが可能となる戦略の提言が必要だと考え、筆をとりました。

本書が製造業をはじめ、日本の多くの企業における低価格競争の回避・適正な利益の確保・国際競争力の強化に貢献し、ひいては日本社会の豊かさの持続的創出に少しでも貢献できれば幸いです。

「高く売る」戦略▼目次

6 〝選択と集中〟という土づくり

ツバキ（プレミアム・シャンプー）

7 〝取り組み体制〟という土づくり

レクサス（プレミアム・自動車）

10 中小企業こそ、〝プレミアム商品〟

11 プレミアムへの挑戦

1

「高く売る」しかない！

デフレ・フォーエヴァー

この先、どこまで続くのかはわかりませんが、いわゆるアベノミクスにより景気が上向いてきています。確かに、こうした状況において、株価や地価は右肩上がりになっていくのかもしれません。

それでは、一般的な商品の価格はどうでしょうか？「百貨店で高級な装飾品が売れ始めた」と言われる一方、消費者物価指数はそれほど大きく上がってきていません。もちろん、2008年あたりに世界的規模で生じたような原油や穀物をはじめとする原料の高騰の影響で店頭の商品の価格が上がる可能性はありますが、企業のマージンが大きくなるような商品価格のアップは今後も難しい状況です。なぜなら、企業間の競争は今後も厳しい、さらに言えば、時の経過とともにその厳しさは増していくと考えられるからです。

市場は売り手と買い手から成り立っています。日本国内においては、人口が減少傾向の時代に突入しており、つまり買い手の数は減ってきています。一方、売り手に注目すると、現時点では市場として日本企業に大きな利益をもたらしている中国やインドなどの新興国から、今後、優良な企業が次々に誕生し、逆に日本市場に進出してくることでしょう。すなわち、今後の日本市場は買い手が減る一方で売り手が増加するという市場構造となるため、企業間の競争はさらに激化し、大きな方向性としては熾烈な価格競争は今後さらに深刻化してくると捉えるべきです。

では、価格競争を回避する手段は存在しないのかというと、そういうわけではありません。競争は似たような商品の間で発生する事象ですから、他の商品と明確な〝差〟を持つ商品ならばそもそも競合する商品はなく、価格競争に巻き込まれることはないわけです。

では、どのようにして〝差〟をつくればよいのでしょうか？

ブランド構築における「ストーリーを売れ！」の真価？

近年、多くの企業がブランドに強い関心を寄せるようになってきています。技術の成熟化が叫ばれ、技術的な商品の差別化が困難になったと言われる現代において、ブランドは他者との〝差〟づくりに大変魅力的なツールに見えるのでしょう。そもそもブランドを模倣することは違法ですし、強いブランドが確立されれば、他者との違いは明白です。よって、低価格化を大きく緩和させることができるでしょう。また、売り手から積極的に働きかけなくとも、買い手が指名買いしてくれます。さらに、買い手のうち、とりわけロイヤリティの高い熱烈なファンはコレクションを志向するようになり、継続購買にも大きく貢献します。このように強いブランドが確立できれば、その先にはバラ色の未来が広がっているでしょう（もちろん、メンテナンスは重要ですが）。

では、どのようにすれば強いブランドを構築することができるのでしょうか？　近年、ブランドと絡め、「ストーリーを売れ！」など、ストーリーの重要性が叫ばれています。例えば、世界的なファッション・ブランドであるシャネルの場合、欧州の上流階級ではコルセットを身につけることが常識であった時代に、創業者のココ・シャネルはシンプルで動きやすい女性用のスーツを生み出し、結果、「男性の支配から女性を自由にした」というストーリーに多くの顧客が共感し、強いブランドが確立したというのは有名な話です。

確かに、こうしたストーリーがブランドによい影響を与えている面もあるだろうとは思いますが、当時、そのようなことを試みた人は他にもたくさんいたでしょうし、１００年も続く強いブランドの構築の説明としては極めて弱いと言わざるを得ません。穿った見方をするならば、完全なる後付けの話と捉えることもできるでしょう。

ベンツ・BMW vs. 国産車

ここで、少し視点を変えてブランドについて考えてみます。自動車を例に挙げると、メルセデス・ベンツやBMWは間違いなく、強いブランドを確立していると言えます。その理由は何処にあるのでしょうか？

他メーカーの自動車を圧倒するほどのスピードが出るのでしょうか？　燃費のよさでしょうか？　故障率の低さでしょうか？

スピードに関しては、エンジンの排気量が同じであればメルセデス・ベンツであれ、BMWであれ、国産車であれ、大きな違いはありません。燃費や故障率に関しては、逆に国産車の方が優れています。つまり、商品の基本的性能の善し悪しにより、ブランドの強弱が決まるわけではないのです。

ブランド研究においては、ブランドから生じる便益として、機能的、情緒的、自己表現的便益という3つがあると言われています。機能的便益は一般に数値化できる便益と考えてよいでしょう。例えば自動車ならば、最高スピードや燃費などが該当するでしょう。情緒的便益においては、文字通り、人間の情緒が関わってくるわけで、デザインなどが、「かっこいい」、「かわいい」と感じるということです。自己表現的便益は、ブランドによって自己を表現するということです。例えば、フェラーリに乗ることによって、苦労の末、大きな成功をおさめ、〝お金持ちになった自分〟を表現するという感じです。

こうした情緒的、自己表現的便益といった要素は各個人の感性に大きく影響されるものであり、よってブランド構築に対して、企業が戦略的に取り組むことは極めて困難な課題であると私は考えています。つまり、ある強いブランドが構築に際して実施したことと同様の施策を行っても、うまくいくかどうかは〝神のみぞ知る〟ということです。

ブランドづくりは〝ゆるキャラ〟づくり

ブランドの話の締めくくりに、〝ゆるキャラ〟の話をさせてください。私は調査のためにある地方自治体を訪ね、そこでご当地の〝ゆるキャラ〟と出会ったことがあります。大変失礼ながら、全国的に全く知名度のない〝ゆるキャラ〟です。その後、担当者の方と話したのですが、「うちの〝ゆるキャラ〟は大御所の先生にデザインをお願いし、非常に完成度の高いキャラなんですが、それが災いし、ゆるさが足りず、ブレークしていない状況なんです」とおっしゃっていました。笑い話のような話ですが、人の感性に大きく依存する限り、戦略的に物事を進めることは難しいという教訓であると思います。例えば、全国的に高い人気を誇る熊本県の〝くまもん〟は著名なプロのアートディレクターがデザインした完成度の高いキャラクターと言えます。しかしながら、それでも当初は人気が出ず、インターネットを使った様々なプロモーション施策により、人気に火がつき、現在に至っています。一方、岐阜県の柳ケ瀬商店街の非公式キャラクターであった〝やなな〟は段ボールでつくられており、素人仕事と言っても過言ではないキャラクターでしたが、高い人気を誇っていました。最近、全国的に絶大な人気を誇る千葉県船橋市の非公認キャラクターである〝ふなっしー〟も素人仕事のキャラクターと言ってよいでしょう。

整理しますと、プロがしっかりデザインしたからと言って、成功するとは限らず、素人仕事でも成功する場合はあります。だからといって、素人仕事の方が成功しやすいとも言えず、もちろん失敗することも多々あるでしょう。このように人気の出る〝ゆるキャラ〟を構築する戦略的な手法がないのと同様に、強いブランドを構築する方法も存在しないと言えるでしょう。もちろん、ビジネスの世界において、想定通りにいかないことは珍しくはありませんが、ブランド構築に関してはそうした不確定さが極めて大きいと言わざるを得ません。

〝圧倒的な機能的価値〟づくり

他者との〝差〟づくりに関して、強いブランドを戦略的に構築することは難しいという話をしました。では、どのようなことに注目すればよいのでしょうか？　先ほどのブランドの議論を思い出してください。ブランドが与える便益の3つのうちの1つであり、各個人の感性に左右されにくい（比較的多くの消費者間で判断基準が共有化できる）〝機能的便益〟に注目することが極めて重要であると私は考えています。つまり、〝機能的便益〟において、他を圧倒する商品を開発するということです。

目指せ〝120点〟の商品！

これは「日本メーカーに原点に帰るべき！」と言ってるわけではありません。なぜなら、日本メーカーに特徴的な戦略は、よい商品をリーズナブルな価格で提供するということだからです。抽象的な表現になりますが、機能的便益に関して、顧客から合格点である〝80

点〟を獲得できる商品をより安く提供するビジネスモデルです。しかし私が主張しているのは、圧倒的な機能的便益の提供、つまり顧客が思わず「スゴい」と言ってしまう、顧客の想定を超える「〝120点〟の商品をつくろう！」ということです。価格に関しては、それだけの商品なのですから、当然の権利として安売りなどは一切志向せず、「その商品の価値にあった価格で提供しましょう！」ということです。逆を言えば、「そうした姿勢でビジネスに臨めるほどの商品を世に送り出しましょう！」と言っているわけです。

「高くても売れる」環境は整っている

このように主張すると、「高ければ売れない」、「消費者はより安い商品を望んでいる」、「現実味がない」といった批判を必ず受けます。しかし、ベンツで100円均一ショップに買い物に来る消費者に代表されるように、商品に対して、気に入ったものにはお金をかける、そうでなければ一切かけないという消費の2極化は近年、特に顕著になってきています。様々な調査の結果を見ても、「自分の気に入った商品なら多少高くても買いたい」というニーズが所得の大小にかかわらず、大きな割合を占めてきています。

こうしたニーズをうまく掴み、本書で取り上げている〝プレミアム商品〟のように高価格であっても順調なセールスを記録している商品も数多く誕生してきている状況です。

2

大事なことは〝土づくり〟

マーケティングの大きな変化

〝圧倒的な機能的便益〟を有する商品を開発するにはどのようにすればよい？　何が大事なのでしょうか？

まずマーケティングの大きな変化から話を進めていきます。1980年代に入り、マーケティングは大きく変化しました。乱暴な言い方をすれば、従来、企業は自らの技術を拠り所に自社にとって都合のよい商品を開発・市場に投入し、大々的な広告や営業に注力していました。つまり、徹底したプロモーション活動により消費者を刺激し、消費者はその反応として購買行動を起こすという、刺激反応型マーケティングが主流であったわけです。つくったものを売るモデルと言ってもよいでしょう。

しかしながら、1980年代に入り、競合他社の増加に伴い類似した商品が市場に溢れ、また耐久消費財などに関しては一応の商品が消費者に行きわたるという市場の成熟化という現象も見られるようになり、商品が売れにくくなってきました。

こうした背景のもと、消費者のニーズに注目し、消費者を満足させる商品開発を含むマーケティングの重要性が叫ばれるようになりました。従来の刺激反応型マーケティングから、消費者ニーズに注目し、商品を開発・投入することにより消費者の満足を得る、つまり商品と消費者ニーズの交換により高い顧客満足を獲得する、いわゆる交換型マーケティングに変化してきたわけです。売れるものをつくるモデルへの転換と捉えてよいと思います。

伝統的製品開発プロセスの限界

こうした大きなマーケティングの考え方の変化に合わせて、製品開発も変わりました。消費者ニーズを意識した製品開発プロセスが広く普及してきたわけです。

代表的な製品開発プロセスの概要は、アイデアの探索・創出（「何を商品化するか？」というアイデアの頭出し）→スクリーニング（アイデアの実現可能性の検討）→市場調査（消費者アンケートなどを通じて「売れるのか？」といった市場性の検討）→技術評価（「実際につくれるのか？」という技術的検討）→コンセプト開発（商品の具体的なイメージの決定）→経済性分析（事業として採算性の検討）→製品化（試作品やサンプルの開発）→テスト（サンプル配布や限定販売などによる消費者ニーズの再検証）→生産（量産体制の構築と生産）→市場導入（一般市場での販売）となっています。

1980年代に広く行きわたった、こうしたプロセスは30年経った現在でも大きくは変わっていません。多くの企業がこうしたプロセスを基本として、日夜、開発を行っています。

もちろん、既に多くの消費者に一般の商品は広く普及し、さらに市場に類似した商品が溢れかえる今、消費者ニーズに徹底してこだわる上記の伝統的製品開発プロセスは重要であると思います。各ステップを突き詰め、妥協なく実践していくことにより、消費者ニーズにより応えられる完成度の高い商品が生み出されることでしょう。

しかしながら、見方を変えれば多くの企業が同じような製品開発プロセスを採用しているということは、どこの企業も同じようなことをしているとも捉えられます。同じような枠組みでいくら頑張ったところで、「他社と差別化された商品を生み出すことは難しい」という〝伝統的製品開発プロセスの限界〟とも呼べる構造的な問題を指摘できます。

勝敗の分け目は製品開発の〝前段階〟

私はこれまで、「〝高くても売れる商品をつくる〟にはどうすればよいのか？」という問題に対して、実際に高価格ではあるものの、順調な販売を実現してきた〝プレミアム商品〟に対して、〝機能的価値の創造〟の視点から注目し、調査を続けてきました。その結果、伝統的製品開発プロセスを徹底することはもちろん重要ではあるものの、大切なポイントは製品開発プロセスを実施する前の要素をきっちりと整備することであるとの結論に至りました。つまり、「高くても売れる商品をつくる」には、製品開発を従来のように狭い領域で捉えるのではなく、より大きな領域で捉えなければならないということです。小さな範囲での取り組みでは得られるものも限定されますが、「大きな範囲での取り組みは大きな差をもたらす」と言ってもよいでしょう。

野菜づくりは〝土づくり〟

野菜づくりを考えてみましょう。もちろん、種を植えた後、日当たりを考慮する、適度に水を与えるなどは必須です。その後も成長に合わせて、雑草を抜く、実を間引くなどといった作業も必要になってくるでしょう。もちろん、これらをしっかり行うことにより、よりよい収穫物を得ることができるでしょう。しかし、他の農家との比較という視点で捉えるとどうでしょうか？　これらの作業は既に目の前で生じている現象に対する処置であり、こうした場合、多くの人間は柔軟に対処できると思います。となると、他者との差づくりにはあまり貢献しないことになります。

ライバルとの差づくりは〝種を植える前〟にあるのではないでしょうか？　野菜づくりは〝土づくり〟からとよく言われます。通気性や排水性や保水性、肥料バランスなど、〝土づくり〟において多くの要素を検討し、実践することにより、その後の収穫物に大きな差が生じることでしょう。また、例えば近年注目が集まるオーガニックの認定を得るには栽培時に農薬を使わないのは当然のこと、２－３年前にさかのぼり、農薬の使用を止めなければなりません。さらに、どのような作物をどういったタイミングで種付けするのかということも重要なポイントとなるでしょう。

こうしたポイントは目の前にある現象への対処とは対極にあり、時に大きなリスクを背負い、すべては自らが主体的に下すべき重大な決断となります。しかしながら、実際の収穫物とは異なり、土の成分などでの差づくりはライバルにとってわかりにくいものであり、また他者に先駆けて有機農業に着手すれば、他者が追いつくまでにかなりの時間を要するといった差別化にもなります。

こうしたことは一般によく言われる「戦う前に勝敗は決している」に該当すると思いま

す。私はスポーツ選手の「今までの練習を信じて頑張るだけです」というコメントが大好きです。試合中に頑張るのは当たり前ですが、その前にどれだけのことをやってきたのかが重要であることに異論を唱える人はいないでしょう。

プレミアム商品の〝土づくり〟

それでは「実際に成功している〝プレミアム商品〟がどのように開発されたのか？」について、具体的に見ていきたいと思います。特に本書では、一般的な商品開発プロセスと呼ばれるものの前の部分、言わばプレミアム商品の〝土づくり〟に注目します。

また、もちろん「製品を開発したら、それで終わり」では話にならないわけで、「いかに〝プレミアム商品〟の価値を顧客に届けるか？」、「届け続けていくか？」という点にも注目します。こうした分析を通じて、「高くても売れる商品をつくる」、さらに「長期にわたって売れ続ける」ポイントに迫っていきます。

3

安売りオンパレード

〝プレミアム商品〟について検討する前に、安売りが深刻化する現在の市場環境について見ていきましょう。

低価格競争――その勢いはますます加速する

原油をはじめ、様々な原料の高騰により、一部の商品における価格の上昇が一時的には見られましたが、バブル崩壊後の日本において、商品の値段が低下するデフレが大きく進捗してきたことは間違いありません。

消費者物価指数などを見ても、原油高を筆頭に様々な原材料高が生じた2008年を除けば、低下もしくは横ばい傾向が顕著です。

また世界的に見ても、中国、韓国、台湾といったアジア諸国の企業の進展による激しい競争の結果、テレビやDVDプレイヤーなど、家電における価格の低下傾向は極めて激しい状況です。確かに、液晶やプラズマなどの薄型テレビが初めて市場に投入された際、かなり高額であったことは事実です。しかしながら、他社の参入とともにあっという間に深刻な価格競争が始まっています。その後、画面の大型化に伴い、新製品投入時こそ比較的高い水準の価格を維持することができたものの、ほどなく同様の価格競争に巻き込まれています。まさに歴史は繰り返されるという状況にあります。

もちろん、価格競争は以前のブラウン管テレビやＶＨＳビデオの時代にも存在していました。しかしながら、現在では市場への製品投入から価格競争に入るまでの期間が著しく短縮化してきており、また低下率も極めて深刻な状況です。この要因として、確かにアジア諸国の企業が技術力や販売力などにおいて実力をつけてきていることはあります。しかし、それ以上にフラットテレビやＤＶＤプレイヤー／レコーダーなど、デジタル化された製品は従来のブラウン管テレビやＶＨＳビデオなどのアナログ製品と比較し、製品設計や組み付けに高度な技術を必要とせず、構成部品さえ購入すれば誰でも簡単に組み立てて製品を市場に投入することができる点が指摘されています。例えば、自作パソコンと呼ばれるように消費者が自ら組み立てることができるパソコンは、こうしたデジタル製品の代表的な存在と言えます。

一方、自動車の価格は低下しておらず、価格競争を回避できている印象を受ける人も少なくないかもしれません。しかし、燃費などのエンジン性能や高度な電子制御など、様々な機能が向上または付加されているにもかかわらず、一部のブランドを除けば概ね価格は据え置かれています。これは実質的には価格が下がっていると捉えてもよいでしょう。

このように考えると、様々な商品において世界規模で価格が低下する傾向が近年、際立ってきていると言えます。さらに発展著しい新興国から今後、優良な企業が登場してくることは容易に想像でき、そのような企業に強いコスト優位性があることは疑いようもなく、価格競争は今後ますます加速してくると考えるべきでしょう。

安売りオンパレード

安売りが蔓延するのはなぜでしょうか？　もちろん、2軒の八百屋が隣同士にある場合、隣の店に負けないように少しでも安くというような同業他社間における競争によって生じる場合もあります。また例えば、私たち一般消費者が購入する商品を生産する消費財メーカーの場合、勢力を拡大させるイオンなどのGMS（総合スーパー）やヤマダ電機といった大型専門店からの圧力により、低価格での卸売を避けることができない事態に追い込まれている場合も少なくはないでしょう（もちろん、こうした小売商に対しては私たち一般消費者からの非常に厳しい圧力があるわけです）。このように安売りの大きな牽引者である小売業者の動向について考えていきましょう。

時代をさかのぼれば、安売りの始まりの1つのポイントとして、スーパーマーケットの誕生が挙げられます。それまで商店では、店頭において一人ひとりの顧客に対して、店員が張り付いて商品説明を行い、商品を運んで包み、会計を行い、顧客を送り出すというスタイルが主流であり、いわゆる対面販売の接客が行われていました。こうした仕組みにおいて、接客に要する人件費は極めて大きく、その分は価格に転嫁せざるを得ないため、低価格での販売は難しくなります。また大量の顧客に対応することも極めて困難です。

こうした問題に対して、1930年にアメリカでオープンしたキング・カレンという食料品の小売店では、従来の対面販売を廃し、顧客自らが商品を選び、レジまで運ぶという当時としては画期的であったセルフ方式を導入し、低価格販売を実現させました。こうしたスタイルの小売店は後にスーパーマーケットと呼ばれるようになり、以後、低価格での販売が世間に広まっていきました。ちなみに、この時期のアメリカでのスーパーマーケットの誕生には、1929年の世界大恐慌が大きな影響を与えています。

こうしたセルフ方式に代表される低価格販売に向けた小売イノベーションとも呼ぶべき、小売業の取り組みに関する近年の大きな動向に関して、PB、SPA、ネットショップという3つのポイントに注目していきましょう。

●ＰＢ

現在、ＰＢ（プライベートブランド）が話題を集めています。イオンを筆頭にＧＭＳやセブンイレブンといったＣＶＳ（コンビニ）のＰＢへの熱の入れようは圧倒的で、また顧客の食いつき（反応）も非常によいようです。

ＰＢは、ＮＢ（ナショナルブランド）と比較すると簡単に理解できます。メーカーが製造し、異なる複数のスーパーなどの小売店で販売されている商品はＮＢと言われます。本来は文字通り、メーカーは製造し、小売商はこうしたメーカーの商品を仕入れ、消費者に販売するという役割分担ですから、そういう意味ではＮＢは極めて一般的な商品であり、ノーマルなパターンと言ってよいでしょう。カルビーのポテトチップス、グリコのポッキー、ゼブラのボールペン、ナイキのシューズ、シャープのテレビなどなど、メーカーの名前が付随する商品、これらはすべてＮＢに該当します。

一方、ＰＢは本来は単にメーカーの商品を仕入れる役割であるはずの小売商自らが企画した商品であり、その特定の小売商でしか買うことができません。代表的なＰＢとして、イオンのトップバリュや、セブンイレブンのセブンプレミアムなどがあり、実際多くの人が購入した経験があると思います。

ＰＢは小売商自らが企画する商品ですから、自らの店に来店する顧客ニーズに合わせた商品の開発が可能となります。また中間マージンをカットできるので、低価格での販売が可能になります。さらに人気が出れば、その商品は自店でしか販売されないため、顧客の囲い込みに大きく寄与することにもなります。

小売商からメーカーへのＰＢの発注は通常、確定された大量の注文である場合が多く、たとえ小売商から厳しい価格の要求があったとしても、メーカー側でも引き受けるメリットは大きいわけです。またＮＢと異なり、メーカー自らが広告などのプロモーションを行う必要もなく、余計な負担が発生しないこともメーカーにとって極めて魅力的です。

消費者にしても、大手のＧＭＳやコンビニが責任を持つ、そういう意味ではある程度、信頼できる商品を低価格で買うことができるわけです。

このように、よいこと尽くめに思えるＰＢは英国を中心に欧米では昔から非常にメジャーな存在でしたが、日本ではなかなか普及してきませんでした。実際、日本においてもＰＢへの取り組みは１９６０年代から行われてきたにもかかわらず、普及してこなかったわけです。日本におけるＰＢ創成期の代表的なブランドとしては、１９８０年にダイエーが始めたセービングが挙げられます。このように１９８０年代に本格化した各小売商のＰＢは確かに低価格ではあったものの、ＮＢと比較して圧倒的に品質が低く、軒並み低調に終わっていました。

低品質に陥ってしまった要因は小売商が価格のみを重視し、とにかく安くつくってくれるメーカーを探し、低コストでつくる指示をしたに過ぎなかったためだと思われます。こうした要望に応えるメーカーは概ね高い技術力を持たず、経営的に苦しいメーカーも少なくなかったはずです。消費者目線での商品企画が行われていたはずはないと、当時、文房具や食品などのPBを購入した経験のある私は確信しています。

また当時は日本も大変景気がよく、多くの大手メーカーは強気の商売ができていました。一方、GMSを中心とする大手小売商の規模は未だそれほど大きくはなく、よって大手メーカーに対抗できるほどの交渉力を持っていなかったという、メーカーVS.小売商のパワー関係も影響していたことでしょう。

しかし、こうしたなか、唯一の例外が西友が展開したPBである無印良品です。「安かろう、悪かろう」というイメージが強いPBの中で、無印良品は「わけあって安い」を強調し、例えばシイタケなら国産で味はよいものの、少し欠けているという理由で安く販売されていました。また、NBにひけをとらないデザイン性により、個性を打ち出し、ブランドとして確立させ、熱狂的なファンも多く、もはや安売りというステージとは別の次元でビジネスを行っている感があります。海外でも英国をはじめとする欧州やアジアを中心にデザイン性が高く、さらにリーズナブルな価格であることが現地の消費者から高く評価され、日本有数の人気の〝ＭＵＪＩ〟ブランドとなっています。

このように無印良品を除き、あまりパッとしなかった日本のＰＢの状況が近年、大きく変化してきています。もともとの発端は原料高による食品の価格上昇に対する反動でしたが、実際消費してみると想像より悪くないということで消費者の支持を集めています。つまり、ＰＢが高品質化してきていることが大きな要因と言えるでしょう。こうしたＰＢが実現した背景には、強力なチェーンオペレーションを武器に巨大化したＧＭＳやコンビニなどを代表とする小売商の圧倒的なバイイングパワー（購買力）があります。つまり、発注量のあまりの大きさに、もはや大手メーカーであっても無視できない状況となっているわけです。こうした大手メーカーの技術力にＰＯＳなどを利用し、豊富な消費者ニーズを蓄積している小売商の商品企画力が加わり、低価格で魅力的なＰＢが誕生してきていると捉えることができます。

しかしながら、他の小売商との差別化という点からすれば、こうしたＰＢの高品質化は各大手小売商で同じように起こってきているため、必ずしも有効に機能しているとは言い難い部分もあります。

●SPA

ＳＰＡ（製造小売業）は、アメリカの大手アパレル企業であるＧＡＰが自らのビジネスモデルについて説明した言葉です。独自の衣料ブランドを持つ特別な小売商、つまり自ら製造し、消費者への販売まで手掛けるアパレルメーカーかつ小売商ということになります。一般には製造小売業と呼ばれています。これはパン屋やお惣菜屋などでは当たり前のビジネスモデルですが、衣料をはじめ、ほとんどの商品はメーカーが製造し、問屋経由で小売商が消費者に販売しています。

アパレル業界では、小売店で売れ残った在庫がメーカーに戻されるという返品制は常識となっており、返品に関わる輸送費や在庫を処分する費用は当然のことながら最終的には価格に転嫁されてしまいます。

しかし、ＳＰＡでは自社がすべてのプロセスを手掛けるため、リードタイムが短縮され、過剰在庫を大きく削減することが可能になります。また中間マージンもカットでき、その分を低価格での販売に充てることができます。さらに衣料において重要な商品特性である流行に対しても、ＳＰＡでは迅速に対応することが可能となるわけです。そして何より返品不可であるため、店舗では何としても売り切らなければならないという危機感が生まれ、従業員のモチベーションアップにもつながっています。

山口県の小さな衣料品店はSPAを導入し、今や日本中で知らない人はいないユニクロへと成長しました。フリースをはじめ、ユニクロの圧倒的な低価格に衝撃を受けた人は決して少なくないでしょう。

●ネットショップ

空前の社会的大ブームというか、革命というべきか、1990年代半ばよりインターネットが深く社会に浸透してきました。これを商機と捉え、多くの企業や個人がインターネット上に仮想店舗（ネットショップ）を開設し、商品の販売を始めました。その勢いはすさまじく、1995年には1千店にも満たなかったものの、4年後の1999年には2万店を超えるレベルになり、現在ではまさに星の数ほどとしか言いようのない状況になっています。

こうした、すさまじい出店ラッシュを促した要因として、まず出店コストの安さが挙げられます。実際、多くのアクセスに対応可能、自動受注システムなどを構築すれば最低でも数百－数千万円というレベルになりますが、本当に簡単なネットショップなら、自らつくれば、ほとんど初期投資なしに開店することができます。しかも開店後の家賃、電気代、人件費などのランニングコストも極めて小さいわけです。

一方、ビジネスチャンスに目を向ければ可能性は無限に広がっています。英語で商品名を標記し、クレジットカード会社と提携すればアフリカであろうが、欧州であろうが、南アメリカであろうが、地球全体を商圏とすることが容易に実現します。実際のところ、海外に対しては送料などの問題もあり、実現性はかなり低くなるでしょうが、日本中ということなら大きな問題は見当たりません。幸いなことに日本ではヤマト運輸をはじめ、宅配業者が低価格かつ迅速に商品を届けてくれるわけですから。

しかしながら、よい面があれば必ず悪い面もあるというのが世の常です。商圏が拡大すれば確かに対象となる消費者は増加しますが、増加するのは消費者だけではありません。当然のことながらライバルも増加してしまいます。東京の大手家電量販店と沖縄の個人営業の電器屋さんが日々競合するということはネットの世界では当然のことです。こうした熾烈な競争は必然的に激しい価格競争を助長する結果を招くこととなります。

さらに、価格競争を助長させる重要な要因は他にもあります。インターネットが社会に革命的変化を与えたと言われる所以として、従来のメディアと異なり、低コストかつ容易に大量の情報の送受信が可能という点が指摘できます。電話では1人にしか情報を発信できず、郵送は手間や時間がかかります。一方、テレビやラジオなどのマスメディアは一度に大量の視聴者を対象にできますが、概要を一方的に発信するだけに終わってしまいます。

しかしながら、インターネットを通じて、売り手は詳細な情報を一斉に多くの消費者に対して提供することができ、また逆に消費者が情報を検索することも極めて低コストで実現します。店舗や商品の情報はもちろんのこと、価格情報も極めて容易に入手することが可能です。例えば、日本最大のネット上のショッピングモールである楽天市場においては多くの店が同じ商品を扱っています。消費者は商品を検索した後、〝価格順に並べる〟タグをクリックするだけでよいのです。そして、一番安いものを買うというスタイルがネットショッピングにおける多くの消費者の購買行動となっています。

もちろん、同じショッピングモールに入っていなくても、ネット上では簡単に価格調査を行うことが可能です。従来、チラシを見たり、電話をかけたり、実際に店舗に足を運んだりしていた消費者の行動はネット上ではクリックするだけでよいわけです。

さらに、価格ドットコムというサイトにおいては商品ごとに小売店の価格・配送・決済情報などが集められており、消費者はいろいろなネットショップにアクセスする必要すらなくなっています。価格ドットコムを運営する企業が創業後ほどなくして上場している現状を見れば、いかに多くの消費者がこのサイトを利用しているかは明白です。

つまり、今までの実際の店舗を主としたビジネスでは、例えば名古屋で一番安ければ仮に2割安い店が東京にあったとしても中部の消費者が東京まで購入に出かけるケースは少ないため、中部圏で十分に商売になっていたわけですが、ネットの世界では日本一、安くないと意味がないという状況がしばしば見られます。すなわち、「2番ではダメ」なのです！

さらに、ネットにおいては新たな質の競争が激化してきています。若者を中心に人気に火がついたヤフーオークションでは、個人が中古品をオークションに出品しています。稀少品の場合は新製品より高価な価格になることもありますが、一般にかなり安く競り落とすことができます。もちろん、リアルの世界でも中古品やリサイクル品は販売されているわけですが、実際、自分の欲しい商品があるかどうかは店舗に出向かないとわからず、消費者にとって不便なものであり、それほど大きな市場にはなっていません。逆に、売る立場に立っても、リサイクルショップまで自分が売りたい中古品をわざわざ持ち込んだものの、二束三文で買い叩かれるケースは少なくはなく、それならばと、まだ使用可能であるにもかかわらず、捨ててしまう人が多い状況です。しかし、ヤフーオークションには豊富に商品が取り揃えられており、また検索も容易で消費者に対する利便性は極めて高くなっています。もちろん、売る側も家に居ながらにして簡単に出品できてしまいます。さらに、世界最大のネット書店であるアマゾンも積極的に中古書籍の仲介を行っています。このように、ネットの世界では新製品間の競争に加え、中古品との競争も本格化してきているわけです。こうした状況も安売りにいっそう拍車をかけています。

より安くの正当性

何が何でも安く売りたいという強い信念をお持ちの奇特な経営者もおられるとは思いますが、世の中の99・999…%以上の経営者はできることなら本当は高く売りたいはずです。しかしながら、実際は多くの企業において、そうなっていないわけです。ということは、安く売ることにメリットがあるということです。それでは安く売るメリットについて考えていきましょう。

●客が集まる

ビジネスの最前線においては、何といってもキャッシュフローの問題が一番に来ます。いくら来月に大きな入金予定があっても、今月の支払いができなければ会社はその時点で潰れてしまいます。当然のことながら、儲ける、つまり利益を出すことが経営において最も重要なことだと、すべての経営者は自覚していると思います。しかしながら、実際、店舗や工場の家賃、従業員の人件費など運営に伴う大きなコスト、仕入先からの数多くの請求書、銀行からの返済要求などの山に埋もれ、とにかく商品を売り、大きな売上をつくることに多くの企業が注力しがちになってしまっています。

大きな売上をつくる最も簡単で手っ取り早い方法、それは「安く売る」ということです。しかしながら、一度下げた価格を上げることを歓迎する顧客など存在するわけはなく、再び価格を戻すことは至難の業と言えるでしょう。

●薄利多売で〝規模の経済〟が働く

一般に安く売るということは1商品当たりの利幅が薄くなるということを意味します。もちろん、他を圧倒する低コストで商品を調達もしくは製造できれば十分な利益をのせることも可能でしょうが、実際それはかなり至難の業だと思います。ということで、お決まりの薄利多売というスタイルになるのが一般的なパターンです。多売することにより、1商品当たりの店舗や工場設備などのコストを大きく低下させることができます。また、大ロット生産による製造コストの低下も実現できるでしょう。

しかしながら、こうした手法は大量の過剰在庫など、大きなロスが生まれるリスクをはらんでいることも間違いありません。いったん過剰在庫になってしまった商品は廃棄もしくは原価割れでの投げ売りというのが相場でしょう。

●取引先へのパワー増

「大量販売」＝「商品もしくは商品を生産するための部品や材料がたくさん必要となる」を意味します。つまり、たくさん買うということになるわけです。よって、調達先に対するバイイングパワー（購買力）が強まり、低価格での購入が可能となります。さらに、バイイングパワーの増加は価格交渉のみにとどまりません。調達や支払条件にも圧倒的に有利に働きます。仕入先は通常、自らの手間を最小化させるため、少しでも多くの量を最低発注数として要求してきます。また注文を受けてから配達までの時間、配達の間隔といったリードタイムもなるべく長くしたいというのも仕入先の本音でしょう。強いバイイングパワーにより、こうした納入単位やリードタイムにおいても有利に交渉を進めることができるわけです。

このような話題は一見、地味に思えるかもしれませんが、調達条件は非常に重要な問題であると言えます。例えば、コンビニにおいて、小さな店舗およびバックヤード（倉庫）であるにもかかわらず、多くの消費者のニーズを満たす豊富な品揃えが実現している理由は、小さな発注単位と短い納入リードタイムによるものです。さもなくば、店中が在庫の山となってしまうでしょう。有名なトヨタのカンバン方式もこうしたポイントを基礎としています。

しかしながら、物流において近年注目されているSCM（供給連鎖管理）の観点からは問題点も指摘できます。SCMとは、要点を掻い摘むと、買い手と売り手の関係は本来は対等であるべきで、お互いが協力的なパートナーとなり、川上から川下まで商品の供給に関わるすべての企業がWin-Winとなるような〝全体最適〟を目指すという新しい物流の考え方です。

こうしたSCMの視点から捉えると、力任せに相手に無理を押しつける関係は〝全体最適〟を大きく損なうことになるわけです。

●捨てるよりはマシ

夜のスーパーではおなじみの光景である「100円引き」や「半額」のシールが貼られた鮮魚やお惣菜。家電量販店に段ボール箱のまま積まれた「特価品」と書かれた旧型の家電製品などなど。

売り手にすれば「捨てるよりはマシ」ということで、こうした原価割れでの販売が日常茶飯事に行われています。そのような中、加盟店が消費期限の迫った日配品を値引きして販売する「見切り販売」を制限したことが独占禁止法違反（優越的地位の濫用）にあたるとして、セブンイレブン本体に対して公正取引委員会が排除措置命令を出したことはみなさんの記憶にも新しいと思います。

フランチャイズにおける加盟店と本部の関係が対等に保たれることはもちろんよいことでしょうが、見切り販売の是非については意見が分かれるところでしょう。なぜなら、正規の料金の商品を買い控え、見切り商品に飛びつくという消費者は決して少なくないからです（私は間違いなくその1人です）。となると、店側としては正規の価格で売れるはずだった分、損をしてしまったということになってしまいます。さらに見切り販売が常態化すると、処分することと比較すれば痛手が弱くなるわけですから、仕入や生産において甘えが生じ、ロスを生みやすくなるという問題も起こってしまいます。

より安くの罪

●単に収益低下だけではない

安く売る罪？　そう聞かれれば100人が100人、「1個当たりの儲けが少ない」と答えるのではないでしょうか？　この点について、私も全く異論はありません。確かに、そうなることが一般的なパターンでしょう。しかし、問題はそうした短期的な範囲にとどまりません。やや見えにくいかもしれませんが、企業にとって致命傷となる長期的な問題が多く転がっており、実はこちらの方が深刻さの点において断然深い問題となります。

●研究開発力やマーチャンダイジング力の低下

商品を安く売ることにより、通常1商品当たりの利益は低下します。当然のことながら、新製品開発に必要な研究に投下する資金もその分、制限されることになるでしょう。また小売店においては、顧客から強い支持が得られる商品のアソートメント（品揃え）を実現するために高いマーチャンダイジング（商品計画）の力が求められるわけですが、そのためには社員教育や商品のリサーチのための資金が必要となります。しかしながら、こうした資金も大きく削らざるを得ないでしょう。つまり、将来に対する投資が全くできない事態に陥ってしまうわけです。

●サービス低下

低コストオペレーションはサービスの質を大きく低下させるリスクも抱えています。通常、店舗での店員数は抑えられてしまうため、顧客が店員を見つけ、呼び止めることすら、ままならなくなってしまいます。さらに、1人当たりの業務量が大きく増加した店員は丁寧な接客を行うことが時間的にも精神的にも難しい事態に追い込まれてしまいます。

また、お客様相談窓口などの役割を担うコールセンターでもサービスの低コスト化が進んでいます。コールセンターに電話し、オペレーターとつながるまでにコンピュータの音声通話の指示に従い、長い時間を費やした経験を多くの人が持っていると思います。コンピュータに用件ごとに振り分けさせれば、オペレーターはすべての業務ではなく一部の業務さえ行えればよいなど、研修や事務的な負担を大きく低減させることができます。しかしながら、コンピュータの要領を得ない応対にしびれを切らし、途中で電話を切ってしまう顧客も多いのではないでしょうか？　さらにオペレーターの評価基準には短時間での要領のよい対応などが設けられており、コールセンターにおける低コスト化の進展と反比例し、顧客の満足度が大きく低下していることは容易に想像がつきます。

●従業員のモチベーション低下

「安売り」は顧客の立場からすれば褒め言葉である場合も多く、「庶民の味方」などと、それを実践する会社の社長がテレビや雑誌などで取り上げられる例も少なくありません。しかし、社員の立場からすればどうでしょうか？　なかなか自分の会社が安く商品を世の中に供給するということに誇りを感じて頑張れる人材はそれほど多くはないと思います。しかも、低コストオペレーションのもと、給料はもちろん、教育研修費さえ抑えられる場合も多いでしょう。多くの業務を抱え、顧客に対して十分なサービスができないということは、社員のモチベーションを大きく低下させる結果につながるのではないでしょうか？

●ブランド低下

ブランドという言葉は多様な意味合いを含んでいるため、安売りの店ということで消費者に広く認知されれば、それは安売りの店というブランドを確立できたと言うこともできます。しかし、そうしたブランドは単なる価格の問題であり、消費者のその店に対する強いロイヤリティ（忠誠心）を獲得できているわけでないことは明白です。その時点においては他と比較し、「安いから買う」、それだけのことです。金の切れ目が縁の切れ目という言葉通り、他に安い店ができれば消費者は簡単に移ってしまうでしょう。と考えれば、価格以外に消費者から強い支持を得るものを提供しなければならないわけですが、安売りによるローコストオペレーションでは、そうした余裕は一切存在せず、往々にして顧客から強いロイヤリティ（忠誠心）を得るという意味でのブランド構築を大きく妨げてしまっています。

●新規参入業者への対応

新規参入業者は従業員が少なく、かつ若く、抱えている工場や店舗も小規模な場合が多いというのが常です。よって、自然に低コストでの運営になる場合が多く見受けられます。これに対し、創業から時を経た企業では従業員は高齢化し、福利厚生を充実させている場合も多く、また様々な施設を抱えていることも少なくはありません。こうしたことはすべてコスト増加要因であり、歴史ある企業が新規参入業者に価格競争で勝てず、駆逐されていくケースは珍しくありません。

●不景気に必ずしも強いとは言えない

一般に「不景気になると安売りの店が繁盛する」とよく言われます。しかし、こうした構図がすべての商品において、いつも正しいとは限りません。確かに、最近のＰＢブームは不景気に大きく後押しされた面も大きいであろうと思います。

しかしながら、お金持ちと呼ばれる人たちにおいては不景気にもかかわらず、相も変わらず高級品を買い求めるケースが少なくないようです。例えば、不況で乗用車の販売台数が大きく低下した際でも、その割合を見ると、大型車より小型車の方が低下の幅が大きいという場合も少なくありません。

「高く売る」罠——確かに高く売ってはいるけれど……

●意味（理由）なく高い

高度経済成長の時代は、「店先に並べれば売れた」という状況でした。と言いましても、私自身、リアルタイムで経験したわけではありませんので、その真偽は定かではないものの、ある程度のものが広く家庭に行きわたっている成熟消費社会と呼ばれる現代と比較すれば、かなり極端な表現ではありますが、的を射ている部分もあるのだろうと思います。

慶應義塾大学の元教授である嶋口充輝先生は、現代の消費者をアン・サティスファクションな消費者と呼びました。サティスファクションを訳すと「満足」となり、その反対語の「不満足」は通常、ディス・サティスファクションと訳されます。モノがまだ広く行きわたっていなかった高度経済成長時代の多くの消費者は明確なディス・サティスファクションを持ち、今の中国やインドのように旺盛な購買を行っていました。しかし、現代の日本をはじめとする先進国の消費者はアン・サティスファクション、つまり満足はしていない程度の弱い欲求しかなく、自分の趣味嗜好に完全にマッチした商品が納得のいく価格である場合しか購入しないという傾向が高まっています。食欲に例えるならば、高度経済成長の時代はお腹がペコペコで何でもおいしく食べたものの、現代においては、ある程度お腹が満たされているため、本当に好きなものを少し食べるという感覚でしょう。

こうした現代のアン・サティスファクション消費者に対して、どこにでもある商品に自社にとって都合のよいマージンを載せて販売しても売れるはずがありません。それは現代の消費者にとっては〝意味なく高い商品〟と認識されてしまうでしょう。

●高すぎる

中国食品の危険性がうたわれるなか、日本産の食品が強く求められているとよく耳にします。しかし、実際の消費者の購買行動は、日々取り上げられているマスコミの論調とは異なる点も少なくありません。やはり、日本産の場合は2倍、3倍の価格になってしまうことも珍しくはなく、一般家庭の主婦にとって「国産品を買いたいけど買えない」というところが本音ではないでしょうか？　さらに農薬を使わない有機野菜などでは5倍以上の価格となっていることもよく目にします。もちろん、一部のお金持ちにターゲットを絞って十分に利益を出せるなら、それはニッチマーケットに特化した素晴らしいビジネスと言えます。しかし、仮に中国野菜の10倍の価格に設定しても、有機栽培を行う農家が農薬を使わないために生じる、様々な手間といった人件費、害虫に襲われたロスなどを加味すると、価格に釣り合わない場合も少なくはないようです。にもかかわらず、一般の消費者にとって10倍の価格は十分に高すぎるため販売は順調に推移せず、厳しい状況に追い込まれているケースがよく見られます。

●見当違いの付加価値――過剰品質オンパレード

一時期、あまりにも複雑な機能が満載されたテレビやビデオに対して、高齢者を中心に使用方法がわからないという事態が頻繁に起こりました。〝視る〟や〝撮る〟という本来の目的に加え、複雑な画質調整や録画機能などにより、他社との差別化を図ろうとする取り組みがエスカレートし、いわゆる過剰品質に陥ってしまったわけです。その後、こうしたユーザーの声を反映し、よく使う基本機能に特化した〝かんたん〟と名のつく商品が日本国内でヒットしましたが、こうした過剰品質の問題は国境を越えたレベルでも生じています。

最近ではスマートフォンをはじめ、高機能が世界で当たり前となっていますが、昔から日本メーカーが製造する携帯電話端末は電話機能はもちろんのこと、電子メール、インターネット、カメラ、テレビ、音楽、お財布機能など、もはや電話の領域を完全に超えてしまっていました。こうした機能は、若者を中心に日本のユーザーからは強い支持を受けていましたが、主たる海外市場の多くの消費者には全く求められておらず、単なる高価格の携帯電話端末とみなされ（しかも操作が複雑）、日本の端末が海外で売れない主たる要因の1つになっていました。

また、その他の見当違いの付加価値として、何らかの資格や認証を得ることもたびたび見られます。例えば、特保（特定保健用食品）の認可を得るには最低でも何千万円という資金を必要とするようです。この費用は当然のことながら価格に転嫁しなければなりませんが、こうした上乗せを消費者が認めない＝売れないという例も少なくはありません。これらは単なる売り手満足・消費者無視の付加価値と言えます（こうなると、もはや価値という言葉は該当しませんが）。

このように、機能などによる＋αと価格アップとのバランスを消費者が×と判断し、売れない事例は無数に存在しています。

4

プレミアムへの追い風

——〝こだわり〟消費の拡大

本書の主題である「高く売る」に関して、「デフレから脱却できていない状況で時代錯誤だ！」、「消費者は安い商品を求めている！」といった意見もあるでしょう。しかし、日本において「高くても売れる」市場環境は、以下に紹介するデータの通り、整っています。

〝こだわり〟消費

政府も今後の日本メーカーの成長戦略において、〝プレミアム〟をキーワードと捉えており、関連する様々な調査が行われています。それでは経済産業省が実施した調査結果を踏まえ、〝プレミアム商品〟に関連する消費者の意識を考察していきましょう。

経済産業省・製造産業局日用品室が２００８年12月に実施した「生活者の感性価値と価格プレミアムに関する意識調査」によると、「自分の〝こだわり〟があるものなら価格が多少高くても購入しますか？」という質問に対して、全体の約８割程度が「当てはまる」もしくは「やや当てはまる」と回答しています。年収に注目すると、１６００万円以上の高所得者において85％と極めて高いのは当然ですが、４００万円以下でも75％となっており、こうした意識は幅広い年収層の消費者に広まっていることがわかります。

また例えば、私が2013年11月に全国に居住する20－50歳の男女720名に実施したアンケート調査において、「自分の気に入った商品なら、いくら高くてもよいか?」との質問に、31%の消費者は「高ければ買わない」とした一方、「1割高まで」と答えた消費者は22%、「2割高まで」25%、「3割高まで」14%、「3割以上高くてもよい」8%となっています。しかも年収による偏り、つまり高所得者ほど高くてもよいといった傾向はあまり見られず、概ね日本の7割の消費者は気に入った商品ならば多少割高でも許容できるという結果となっています。

〝こだわり〟の中身

商品購入における重視する要素について、「品質のよさ」(94%)、「機能性の高さ」(88%)、「デザインのよさ」(83%)というプロダクトに直接的に関係する項目がトップ3となっています。やはり、商品自体が何よりも重要であると認識されていることがわかります。ブランドに関わる項目である「つくっている企業が有名であること」は35%程度に過ぎず、一般に言われているほど重要度は高くありません。さらに「商品の希少性を重視する」についても32％程度に過ぎない結果になっています。

〝こだわり〟への対価

「どのような要素が際立っていれば、あなたはどの程度多くお金を支払いますか？」という質問において、「品質のよさ」や「機能性の高さ」や「デザインのよさ」が際立っている場合は、7割以上の消費者が1－2割以上高くてもよいと回答しています。

商品ごとの〝こだわり〟傾向

商品ごとの購入に対する〝こだわり〟について、「こだわる」もしくは「ややこだわる」と回答した割合は、電化製品では70％、衣類、車・バイク、インテリア製品、時計・高級文具では60％前後となっており、強い〝こだわり〟傾向があると言えます。また、日用雑貨についても3割以上の消費者がこだわる傾向にあることは興味深い結果です。

共感・感動する製品・サービス

上記の「〝こだわり〟傾向」と関連しますが、みずほ総合研究所が２００８年に実施した調査では、「手間や時間をかけてでも、共感したり感動することのできる製品やサービスを購入または利用しているもの」について、「ホテル・旅館での宿泊」（39％）が最も多く、以下、「AV機器」（36％）、「自動車」（32％）と続きます。「生活雑貨」さえ25％と、極めて広い幅の商品群に対して、共感や感動を求める消費者がある程度の割合で存在していることがわかります。

共感・感動への対価

「共感したり感動することのできる製品やサービスであれば、同等の製品・サービスと比較して、どの程度までなら価格が高くても購入・利用しますか?」という質問に対して、少しでも高ければ買わないという消費者が概ね2割程度を占めるものの、2割以上高くても買うとする消費者がホテル・旅館での宿泊では45％、最も低い生活雑貨でさえ30％程度存在しています。

高くても売れる！

こうした現代の消費者の〝こだわり〟意識を踏まえ、消費者を納得させることができれば一部の富裕層に限定されず多くの消費者に対して、また電化製品や自動車などに限らず幅広い商品分野において、他の商品より多少割高であっても販売できる可能性が極めて高いことが確認できます。つまり特定の商品分野に限定されず、〝プレミアム商品〟の潜在市場がある程度の規模で存在しているということです。また、プレミアム化の重要なポイントに関して、「品質」、「機能」、「デザイン」など、商品と直接的に関わる部分に対して圧倒的に高い支持がある一方、ブランド構築で重要とされる情緒的価値に関連する「コンセプトの独自性」、「商品の希少性」、「メーカーの知名度」などは相対的に低いことが確認できます。

これらを踏まえ、実際に高価格ながら好調なセールスを記録してきた〝プレミアム商品〟の事例研究を通じて、〝圧倒的な機能的価値〟づくりの実際に迫っていきましょう。

5

〝理念〟という土づくり

ハーゲンダッツ

（プレミアム・アイスクリーム）

〔画像提供：ハーゲンダッツ ジャパン株式会社〕

あなたなら、アイスクリームをどのようにして高く売りますか？　誰もが一度は口にしたことのある親しみやすい商品ですし、簡単にいくつものアイデアが出てきそうな、いや、やはり難しそうな……

プレミアム・アイスクリームと言えば、やはりハーゲンダッツということに多くの人は異論がないと思います。コンビニに行くと、普通のアイスクリームが130円程度のなか、ハーゲンダッツの例えば〝ミニカップ〟は250円とおよそ2倍の価格にもかかわらず、デフレが叫ばれる経済環境のなか、好調な販売を維持してきました。

さらに、2007年にはこうした〝ミニカップ〟の価格を2割程度上回る310円という価格設定で〝ドルチェ〟という商品も発売されています。

では、ハーゲンダッツにおける〝こだわり〟の源流を探っていきましょう。

ハーゲンダッツの〝こだわり〟

ハーゲンダッツが高価格にもかかわらず、売れ続ける理由と言えば、多くの人が〝おいしさ〟を挙げるのではないかと思います。大昔になりますが、私が高校生だった頃は地元大阪では食べることができず、受験で上京した際、真っ先に青山の店舗に行き、食べたバニラのおいしさは今でも鮮明に記憶に残っています。

それでは、こうしたおいしさを実現させているハーゲンダッツにおける8つの徹底的な〝こだわり〟について見てみましょう。

●良質なミルク

高品質なミルクを得るために乳牛の健康管理はもちろんのこと、主食となる牧草の成分分析、さらには乳牛にとって理想的な牧草が育つために土壌のpH値までも厳しく管理された土地で育った乳牛のミルクを使用するという徹底ぶりです。国内生産の商品はすべて北海道産のミルクが使用されています。

●世界中から厳選された素材

風味を決める副原料にも徹底的にこだわっています。例えば、イチゴは3年もの歳月をかけて探し出した、味わい、香り、色合いとも最もハーゲンダッツアイスクリームと相性のよい品種が選定されています。また、抹茶はハーゲンダッツ専用にブレンドされており、石臼で丁寧に挽いているため薫り高いものとなっています。

〝キッチン・フレンドリー〟な素材

ハーゲンダッツのアイスクリームはミルク、砂糖、卵が主原料となっており、これらにアイスクリームの風味を決めるフルーツやナッツ、チョコレートなどが副原料として加わっています。こうした家庭のキッチンにあるような食材を使うことをハーゲンダッツでは〝キッチン・フレンドリー〟と呼んでいます。乳化剤や安定剤を使用せず、〝キッチン・フレンドリー〟な原材料を選んでアイスクリームをつくる理由は素材のおいしさをそのまま伝えるためです。〝キッチン・フレンドリー〟な原料を使うことで、風味や口当たり、口どけ感にまでこだわった本物志向のアイスクリームに仕上げています。

おいしくて安心・安全な素材選び

ハーゲンダッツのサプライヤー（仕入先）監査では、使用する食材がどのようなもので、どのようにつくられているかを調べ、サプライヤーと協力し合って品質を高めています。監査における項目は工場の構造や衛生管理、トレーサビリティ（原材料などの流通履歴の確認）、微生物の検査体制など約200もの項目があり、監査後もサプライヤーとともに常に品質を高める努力が続けられています。

●喜びと感動がテーマの商品開発

商品のコンセプトから始まり、素材選び、配合の方法など、今まで体験したことのない感動を提供できる味わいに仕上げるため、1つの商品を発売するまでにつくられるサンプル数は100を超えています。フルーツを使用する商品なら世界中からサンプルを取り寄せ、海外であっても農場まで出向いています。また、使用する品種が決まってからも、果汁の割合、果肉の大きさなどを変えたサンプルを納得いくまで試作する取り組みも行われています。ちなみに、〝グリーンティー〟、〝クリスピーサンド〟などの開発に要した時間は5年以上にもおよんでいます。

では、〝クリスピーサンド〟開発の実態に迫ってみましょう。〝クリスピーサンド〟は、7年の歳月をかけて日本で開発されました。2001年に発売され（希望小売価格294

円）、２００１年27億円、２００２年42億円、２００３年48億円と右肩上がりで順調に立ち上がり、現在も定番商品の１つになっています。〝クリスピーサンド〟の開発においては、まず１９９４年にケーキやパフェなど、今までのアイスとは違う形態の商品を開発するプロジェクトが立ち上げられ、消費者調査をしながら、１年以上模索を続け、ウエハースのようなサクサクしたものでアイスをサンドするというコンセプトが固められています。ハーゲンダッツでは新製品を出した後に、あまり売れないから引っ込めるとか、味を調整し直すといったことはしません。〝ゴールドスタンダード〟という言葉があり、常に最高の味を目指しており、10人の消費者のうち６、７人が満足する程度では発売はせず、その基準は他社よりかなり高く設定されています。ちなみに、〝クリスピーサンド〟は２００４年５月からフランスとスペインでも発売されています。

●低く抑えた空気含有率

アイスクリームの濃厚でコクのあるおいしさは、アイスクリームの中に含まれている空気の量と大きな関係があります。アイスクリームは空気の量が多くなればなるほど密度は低くなり、濃厚な味わいにはなりません。ハーゲンダッツでは、この空気含有率を約20％

と低く抑え、アイスクリームの密度を高めることで、ずっしりと重く濃厚でクリーミーなアイスクリームに仕上げています。

●おいしさのための低温管理

アイスクリームの中にはアイスクリスタルという目に見えない氷の結晶が含まれています。温度が上昇すると結晶は大きくなってしまい、なめらかな食感が失われ、ざらざらとした食感になります。ハーゲンダッツのアイスクリームは、乳化剤や安定剤を使用していないため、温度変化の影響を受けやすいのです。そのため、倉庫管理時は－25℃以下、輸送時は－20℃以下と決め、低温管理を徹底しています。また専用の顕微鏡でサンプルのアイスクリスタルの大きさをチェックするとともに、パッケージや梱包形態を工夫することにも力を注いでいます。

●お客様の声

お客様相談室には商品やサービスに関する質問のほか、新商品や広告の感想など、様々な意見や感想がフリーダイヤルやEメール、手紙などで寄せられています。問い合わせの中には、品質をさらに向上させることができるヒントがたくさんあります。こうしたヒントを活用し、「商品パッケージを見やすくする」、「〝ミニカップ〟に品質管理のために装着しているタンパーエビデンス（内ぶた）を開けやすく改良する」などが実現しています。さらに、ハーゲンダッツ・アイスクリームのなめらかな舌触りを届けるために、卸売商や物流会社を対象に品質管理に関するセミナーを開催するなど、商品やサービスのさらなる品質向上に取り組んでいます。

ハーゲンダッツにおける8つの〝こだわり〟、みなさんはどのように感じられたでしょうか？　私はこの事例研究を行うまで、素材への〝こだわり〟はもちろん重要ではあるものの、他社が簡単に模倣できるため、大した差別化にならないのではないかと考えていました。しかし、こうしたハーゲンダッツの取り組みを見ると、他社が簡単に模倣できるレベルの話ではないと痛切に感じてしまいます。

しかし、なぜハーゲンダッツにおいては他社では想像もできない高度なレベルでの〝こだわり〟を追求できているのでしょうか？　さらに話を掘り下げていきたいと思います。

ハーゲンダッツの〝土づくり〟――価値ある理念

● 〝ハーゲンダッツ・モーメント〟を守る

ハーゲンダッツでは、「誰もがおいしいと感じることのできるアイスクリームは、本物の素材からしか生まれない」との認識が全社的レベルで浸透しており、栄養学的にも優れ、子供から大人まで安心して食することができる商品を提供するために、コストや生産性を考えれば合理的とは言えない部分があっても徹底的にこだわっていくと宣言しています。こうした時間も手間もかかるアイスクリームづくりにより、ハーゲンダッツという商品に他に代わるもののない〝絶対的な機能的価値〟を与えていると考えられます。

このような様々な取り組みはハーゲンダッツの核となる理念とも言える〝ハーゲンダッツ・モーメント（至福の瞬間）〟を源泉としています。〝ハーゲンダッツ・モーメント〟とは、食べたときにハーゲンダッツでしか味わえない至福の瞬間を届けることを意味しています。〝ハーゲンダッツ・モーメント〟を基礎として、商品企画から資材調達、生産、物流、販売、そして顧客の口で賞味されるまでビジネスプロセスが設計されています。とりわけ、アイスクリームにおいては、製品の特性上、常に安定した品質を顧客に届けるために、顧客接点にはことのほか気を配る必要があるわけです。

こうした土台に基づき、厳選された素材を使用し、高品質であることはもちろん、顧客が味わうその瞬間までのプロセスにおいて、様々なコミットメント（公約）を掲げ、厳守しています。例えば、物流では工場で生産された製品が納入される倉庫内は－25℃以下、輸送を担当する冷凍車の車内は－20℃以下、店頭の陳列ケース内では－20℃以下とそれぞれ適正温度で保存されています。また、ハーゲンダッツのスタッフは定期的にコンビニやスーパーなどの店舗を回り、保存状態をチェックし、必要に応じて品質向上活動を行っています。このように一連のプロセスにおいて、業務に携わる全員が〝ハーゲンダッツ・モーメント〟を意識することにより、徹底した取り組みが実現しているわけです。

こうした理念やそれに基づく実際のアクションはアイスクリームという食品の枠を越え、多くの商品にとって参考になるでしょう。

ハーゲンダッツのコミュニケーション戦略

●イメージチェンジ

大人の男女がベッドの上でアイスクリームを食するというハーゲンダッツのテレビCMは放映当時の1990年代初頭の日本において大きな反響を得ました。つまり、アイスクリーム＝子供の食べ物という固定観念を崩すことに成功したわけです。また、雑誌における〝数字キャンペーン〟では、0（着色料0）、2（他社製品に比してイチゴなどを2倍使用）などの数字が広告面に大きく印刷され、自社の〝機能的価値〟の高さやそれを支える取り組みについて消費者にうまく訴求する工夫が施されています。

●店舗からの情報発信

日本の1号店が青山につくられた例からもわかる通り、ハーゲンダッツにおいて店舗は重要な情報発信基地となっています。こうした発信力をさらに高めるため、フラッグシップ・ショップ（旗艦店）をオープンさせています。例えば、東京・表参道にはパリのカフェのようなオープンテラス、大阪・戎橋には店内にメリーゴーランドを設置するなど、エンターテインメント性が高く、当時のトレンドをけん引するようなカフェを展開することで従来のアイスクリームショップとは全く異なる印象を与えています。

価値の継続——消費者とのコミュニケーション

こうして構築された〝プレミアム商品〟としての価値を継続させる取り組みについても、ハーゲンダッツは積極的に取り組んでいます。例えば、イベントでは単に楽しいという範囲を超え、消費者教育をも含む、密度の濃い消費者とのコミュニケーションが展開されています。それでは具体的に見ていきましょう。

●コンテスト

一般からの応募者を対象に、アイスクリームまたはフローズン・ヨーグルトを使用したオリジナルフローズン・デザートを競い合う〝フローズン・デザート・コンテスト〟を実施しています。

●講習会

講師によるレシピの説明、デモンストレーションの後、実際に参加者が調理し、最後に試食するという〝フローズン・デザート・コンテスト〟講習会も開催されています。ハーゲンダッツアイスクリームに身近な素材や一手間を加えることで、スペシャルデザートになる楽しさを訴求し、家庭での需要拡大を狙っているわけです。親子限定の講習会もあり、将来の需要拡大も見込まれていると思われます。

●出前講義

ハーゲンダッツの社員が講師として小学校を訪問し、温度管理、アイスクリームの種類、パッケージ表示の3項目について紹介するという〝ハーゲンダッツ・アイスクリーム・スクール〟も実施されています。

このように、ハーゲンダッツは消費者との関係性を構築および維持することにより、〝プレミアム商品〟としての価値の持続を実現させてきているわけです。

6

〝選択と集中〟という土づくり

ツバキ

（プレミアム・シャンプー）

〔画像提供：株式会社資生堂〕

〝ツバキ〟は日本最大の化粧品メーカーである資生堂が2006年に発売したシャンプーです。何人もの大物女優が登場し、SMAPの曲が流れていた当時のテレビCMをご記憶の方も多いのではないかと思います。一般的な商品の1・5倍程度の価格であったにもかかわらず、発売から1か月を待たずしてトップブランドとなり、長きにわたり、その座を固守しました。

なぜ高価格にもかかわらず、〝ツバキ〟は大ヒット商品になったのでしょうか？　その実態に迫っていきましょう。

ツバキの〝こだわり〟

●コンセプト

商品コンセプトは〝ジャパン・ビューティ・アドバンス〟であり、その裏には〝足元にある青い鳥〟というキーワードが隠されています。1990年代、日本女性は欧米に強い憧れを抱いていたものの、21世紀に入ってからはアジアに目が向きだし、その中でも日本を見直し始めています。これが青い鳥の意味となっています。

また、日本女性の黒髪の美しさは世界的に評価が高いわけですが、資生堂はその要因を調査しています。結果、まず欧米人と比較して、日本人の場合、毛髪表面付近で光を反射しているものの、欧米人の場合は光が内部にまで浸透し、内部で乱反射していることを突き止めています。この光反射のメカニズムの違いから、日本人の髪は〝カラスの塗れ羽色〟と形容されるように濡れたようにしっとりと艶やかな光沢を保つことができるわけです。また、日本人の毛髪は欧米人と比較し、復元力が高いことも判明しました。こうした科学的な検証結果から、日本人女性の髪の美しさの源が〝艶〟と〝弾力感〟であることがわかり、こうした点を高めることが商品において重要であるという方針を打ち出しています。

ターゲットに関しては、30代を中心としたヘアケア意識や美意識が高く、自己実現のために〝こだわり〟を持つ成熟した女性をコアのターゲットとしています。

●商品開発

資生堂は古来より女性の髪を美しく保つと伝承されている椿から抽出した椿油に注目しました。また、椿は資生堂の花椿マークとも重なります。この伝統的な美髪成分である椿油を独自の技術で進化させ、〝高純度椿オイルＥＸ〟を開発しています。〝高純度椿オイルＥＸ〟は天然の椿油を高度な技術で精製し、完璧なまでに不純物を取り除いた純度の高い美容オイルがベースになっています。こうした〝高純度椿オイルＥＸ〟は魅せる機能と補修機能の2つの機能を備え、現代の日本人女性が求める美髪へのニーズを最大限に満たすことが意図されています。

また香りにも〝こだわり〟、椿に加え、ザクロ、ハマナシ、黄金桃、南高梅、ショウガなどを調香した〝椿密花〟（つばきみつか）の香りをつくり上げています。

パッケージ・デザインでは、このカテゴリーにはかつてなかった深紅色を採用し、フォルムは椿の花びらをモチーフにした曲線的なデザインになっています。

ツバキの〝土づくり〟――選択と集中

●〝ツバキ〟を支える体制

〝ツバキ〟の開発、さらに後ほどお話しするプロモーションに関しても、徹底した取り組みが実施されていますが、こうした取り組みを行うためには資金はもちろん人材など、全社的に支える仕組みが構築されていなければなりません。それでは、「いかにしてそうした体制を構築することができたのか？」という点に注目していきます。

●資生堂におけるマーケティングの問題点

資生堂は日本初の洋風調剤薬局として誕生し、その後、化粧品業界に進出しています。大正12年にはチェーンストア制度を採用し、美容部員制度や顧客を組織化した〝花椿会〟などを整備し、事業を拡大させてきました。しかし、強固なチェーンストアを中心とした販売網が足かせとなり、1970年代後半から台頭してくるGMS、1980年代からのCVSやドラッグストアに対応できず、競合に後れを取ることになります。グループ売上は低下し、マーケティング部門においても売れないために、さらに新しいブランドを追加し、開発やマーケティングコストをかさませるという負のスパイラルに陥り、2000年には100件以上ものブランドを抱えていました。

●メガブランド戦略

こうしたブランドをトップ主導で2008年には21ブランドにまで絞り込み、集約したブランド群の核となるものを〝メガブランド〟とし、これらの開発やマーケティングに資金を集中させることで圧倒的なシェアを持つ強いブランドに育成していく方針が打ち出されました。つまり、徹底した〝選択と集中〟が行われたわけです。

2005年8月から〝マキアージュ〟、〝ウーノ〟、〝アクアレーベル〟が発売され、2006年3月に〝メガブランド〟第4弾として〝ツバキ〟が市場に投入されています。また、〝メガブランド〟は単に多額の資金を投じて大きいブランドをつくるというだけではなく、競争が激しい状況において本当の意味で存在感ある〝資生堂の顔〟をつくることも意図されています。

さらに、〝メガブランド〟の開発は事業部の壁を取り払い、全社を挙げてカテゴリーを攻略する新しい仕事の進め方および体制により実行されています。

●組織体制

資生堂は２００６年４月１日の組織改正で、国内の化粧品事業とトイレタリー事業を融合し、国内化粧品事業に再編しています。また、商品開発からコミュニケーション戦略に至るまで、担当カテゴリーに関わるマーケティングのすべてを一貫して担当するＳＢＵ制（戦略事業単位制）を導入し、スキンケア、メーキャップ、ヘア、ボディ・メンズなど８つの事業単位で、それぞれの責任者であるブランドマネジャーが各ブランドの育成から売上達成までの権限と責任を負う仕組みとなっています。

また、客観的な視点が社内でも重要視されており、プロジェクトにおいては著名なクリエイティブディレクターが単に広告のクリエイティブディレクターとしてではなく、商品づくりからネーミング、パッケージング、広告コミュニケーションにまで参加しています。社外の人材の登用に関して、「資生堂の常識では考えられないということが数多く出てくるんですね。そんな手続きは踏んだことがない、あり得ない。そうした抵抗を食い止めるのが私の仕事でした。」と当時、社長であった前田新造氏は語っており、〝ツバキ〟に対するトップの〝覚悟〟がよく表れています。

ツバキのコミュニケーション戦略

〝ツバキ〟について、最近でこそ、かなり露出が少なくなってきましたが、発売時の圧倒的なテレビCMを中心とする広告量に驚かれた方も多いのではないかと思います。業界関係者ですら度胆を抜かれたという、約50億円を投入したとされる発売キャンペーンの詳細から話を始めていきましょう。

●キャッチコピー「日本の女性は、美しい。」

〝ツバキ〟のプロモーションでは、高純度椿オイルEXが艶のある髪に仕上げる〝美髪力〟、椿の花やパッケージの赤、資生堂の花椿のマークから形成されるブランドの〝象徴性〟、日本の女性の美しさを賞賛し、応援しようという〝社会的メッセージ〟の3つの柱があり、特に〝社会的メッセージ〟が強調されました。

こうした背景により、「日本の女性は、美しい。」というキャッチコピーが生まれています。日本回帰という、シャンプーであってシャンプーではない領域のところまでブランドを世の中に浸透させ、共感促進活動を行い、定着させることが意図されました。

●曼荼羅キャンペーン

社会現象としてメディアから注目を浴びることができるように、約50億円という広告宣伝費を投入し、立ち上がりの同時期にあらゆるメディアを活用した大々的なキャンペーンが展開されています。これは曼荼羅キャンペーンと呼ばれ、店頭を中心にテレビ、新聞、雑誌、交通広告、インターネット、サンプリング、イベントなど、統合型のプロモーションが行われています。

例えば、表参道ヒルズで行われたサプライズイベントでは、〝ツバキ〟のイメージキャラクターである仲間由紀恵・田中麗奈・上原多香子・広末涼子・観月ありさ・竹内結子という人気女優6人が登場しています。さらに、この模様は全国9か所の大型ビジョンに生中継され、スクリーンの下ではサンプリングが実施されました。また、当日限定でラフォーレ原宿の壁面に巨大ランドマーク広告を出現させ、表参道駅にはパッケージ部分が立体化されたバキューム広告も登場させています。

サンプリングに関しては、使ってもらえれば品質のよさは必ず伝わるという絶対的な自信からコアターゲット層の半数に行きわたる計算となる1千万個のサンプリングを配布しています。

こうした立ち上がり時における大がかりなプロモーションの展開には、しばらくするとシェアが大きく落ち込むというリスクが考えられたものの、「シャンプー市場では体感を促進することなく売上は定着せず、伸びない」という事前のデータがあり、決行しています。またトイレタリーの場合、「購入時に比較検討の対象となるのは3ブランド程度」というデータを踏まえ、当初はシェア・ナンバーワンではなく、トップ3に入ることを目標としていたようです。

●流通

こうした大量広告によって刺激された消費者が店頭に行っても、商品が並んでいないというのではせっかくの販売機会を逃してしまいます。

資生堂の流通ルートは一部直販もあるものの、基本的には化粧品店とそれ以外の問屋ルートに大きく分かれていました。しかし、〝ツバキ〟では両方の流通ルートを活用しており、その結果、ドラッグストア、CVS、化粧品専門店など5万店で一斉に販売することが可能となっています。

●きめ細やかな製品改良

新製品投入時、うまくいったとしても、あっという間に市場から商品が消えてしまうという現象は日常茶飯事です。ツバキでは発売後も消費者ニーズに対応し続け、度重なる製品改良が行われています。例えば、2007年には〝ツバキ・ゴールデンリペア〟、通称〝白ツバキ〟が発売されています。従来の〝ツバキ〟に対しては健康的な黒々とした、もともときれいな髪の人のためのシャンプーと思い込んでいる消費者が少なくなく、ダメージヘア用のラインを望む声に応える形での発売となったわけです。また、2009年には消費者への「髪に求めるニーズ」に関する調査結果を踏まえ、新〝高純度 椿オイルＥＸ〟など、緻密な製品改良が実施され、製品の価値をさらに高める取り組みが継続的に実行されています。

7

〝取り組み体制〟という土づくり

レクサス

（プレミアム・自動車）

〔画像提供：Lexus International〕

「世界でもトップクラスのシェア、豊富な資金や人材を擁するトヨタによるプレミアム・自動車事業は簡単ではないか」と思う人も多いのではないかと思います。しかしながら、プレミアム・自動車の世界にはベンツやBMWなど、強力な影響力を持つ自動車メーカーが長期にわたり、君臨し続けています。こうしたライバルに対して、トヨタはどのような取り組みを実行したのでしょうか? それでは、トヨタのレクサスへの取り組みを見ていきましょう。

トヨタが手がけるレクサス

●レクサスとは

トヨタ自動車の日本における販売シェアは5割に迫り、また国際市場においても毎年トップ争いを繰り広げるなど、自動車業界の国際的なリーダー企業と言えます。日本市場では昔からスターレットのような小型車からクラウンといった高級車まで幅広いラインナップを取り揃えていましたが、米国をはじめ、国際市場においてはカローラやカムリなど大衆車中心の品揃えとなっていました。米国市場で高級車を本格的に販売するに際して、従来のトヨタ・ブランドでは大衆車のイメージが強いため、1989年に新規に立ち上げられたブランドがレクサスです。1999年以降、米国においてトップブランドに君臨し続け、2005年8月には日本市場に参入しています。

●日本市場でトップ

2011年の日本におけるプレミアム・自動車の登録台数を見ると、レクサス4・2万台、BMW3・6万台、ベンツ3・6万台となっており、世界の名だたるプレミアム・自動車ブランドを抑えて首位に立っています。また前年比でもBMWが12%増、ベンツが21%増に対して、レクサスは27%増となっており、好調に推移していることがわかります。

●日本におけるセールス・サービスへの評価

J・D・パワー アジア・パシフィックが実施した、2012年日本自動車セールス満足度調査において、レクサスはメルセデス・ベンツ、ボルボを抑え、見事第1位になっています。またサービス満足度においても、BMW、メルセデス・ベンツを抑え、レクサスは第1位です。セールス、サービスともに、トップ5はレクサスを除けば輸入車が占めています。

高級ブランドの議論では、よく伝統や歴史のようなものの重要性が指摘されますが、レクサスは米国市場で10年、日本市場では、わずか5年程度でトップの座を勝ち取っています。それでは大躍進するプレミアム・自動車レクサスの秘密に迫っていきましょう。

レクサスの〝こだわり〟

レクサスの〝こだわり〟は、駆動系から内外装に至るまで多岐にわたりますが、ここではわかりやすい、いくつかのポイントを紹介します。

●ドアガラスの昇降

レクサスの最上位機種〝LS〟では、ユーザーが日常よく使うドアガラスの昇降においても〝こだわり〟を確認することができます。ドアガラスが開閉する際に、開け始め（閉じ始め）と閉じ切り（開け切り）付近での速度を電子制御によりスローにし、襖を開閉するときの上品さを表現しています。ちなみに、この機能は、スロースタート・スローストップと呼ばれています。

●メータ照度コントロール

〝GS〟のメータは上質感を演出するため、文字盤に本物のアルミ金属を用いています。メータの文字盤に金属を用いることは世界でも類を見ない初の試みでした。ところが、このメータは金属板に太陽光が反射し、視認性を損なうのみならず運転にも支障をきたす恐れがあるという弱点も持ち合わせていました。この解決策となったのが「メータに当たる光の眩しさをセンサーで感知し、メータガラスの濃さを変える」という技術です。メータに差し込む太陽光の角度・強さのデータを測定し、常に最適なメータの視認性を提供しています。

●塗装

塗装に関して、車両本体とバンパーの合わせ部付近に色の差があると非常に目立ちやすいのですが、レクサスではデジタル技術と最先端ロボット技術を活用した〝データによるモノづくり〟により、測定器を使って色を測り、デジタルデータ化し、双方の色データが設計値通りにできているかをチェックしています。また、一般の車では3、4回塗りが多いものの、レクサスは光沢を出すために6回の重ね塗りが施されています。

レクサスの〝土づくり〟——徹底した取り組み体制

●開発プロジェクト

レクサスの徹底した〝こだわり〟、その源を辿ってみましょう。1989年にアメリカ市場に投入された初代〝LS〟（セルシオ）は日本車の概念を変えたと言われるほど、センセーショナルなデビューを飾りました。このときのプロジェクトは完全なるトップダウンで、トヨタ中興の祖である豊田英二氏（当時会長）の「ベンツやＢＭＷを超える世界最高車をつくれ」との檄から開発が始まり、「日本市場を無視せよ」との声を反映し、ベンツを徹底的にベンチマークした開発が行われています。「マルＦ」プロジェクト（Ｆはフラッグシップ）と呼ばれた〝ＬＳ〟開発計画はトヨタの中でも異例の扱いを受け、豊田英二氏は原則として開発陣が使う資金を制限しませんでした。

当時を振り返り、レクサスの担当スタッフは「（上司から非常に高い基準を与えられ）『金はオレがいくらでも用意してくるから、とにかくやれ』。とにかく、いい車を出さなければこのプロジェクトはなくなる。『いいものができるまで出さない』と社長や会長に言われて、何度もクレイモデルを見せ、何度もつくり直しました。」と語っています。このように、〝ＬＳ〟の開発は全社を挙げてのプロジェクトで、とにかく今までにない車をつくるという〝覚悟〟で取り組まれています。

また、「トヨタ車をつくっていたスタッフ（技術者やデザイナーなど）が急に高級車を開発できるのか？」との声に対しては、「難しいことじゃありませんよ。レクサスを開発するに当たっては、数値で目標を設定すればいいのです。客観的な基準を定めて、それをクリアできるように努めればいい。メルセデス・ベンツだって、Ａクラスからマイバッハまで取り揃えているのですから。」と担当の専務が述べていることは大変興味深いポイントです。なぜなら、「高級車には長い歴史や伝統、高級なブランドイメージが重要である」と言われており、通常、広告などに注力しようとする傾向が強くなってしまいますが、レクサスではまず品質を第一として数値に落としこみ、しっかりとつくり込んでいった、つまり〝徹底した機能的価値の追求〟を行ったという事実を表しているからです。

●取組体制

徹底した品質への〝こだわり〟を支える取り組み体制に注目していきましょう。トヨタ自動車はレクサスを事業ブランドとして明確に打ち立て、トヨタ・ブランドと分離させています。開発陣はトヨタの開発センターと分かれ、レクサスセンターとして別組織化され、事業収益も別建てとなっているわけです。この点に関して、担当スタッフは「つくり手としてレクサスとトヨタのあいまいな境界線をリセットし、両者を乖離させる。経営効率上は両社は絶対分けない方がよい。だが、われわれはあえて逆の山を登る。」とコメントしており、コストよりも〝こだわり〟を追求できる体制づくりを優先させたことがわかります。

レクサスセンターには新車開発のためにトヨタ内のエキスパートをかき集め、千数百人もの独立部隊となっています。トヨタでは通常、ボディ設計やシャシー設計など機能別にフロアや机の島が分かれていますが、レクサスセンターは完全なる大部屋制で、ホンダ的な〝ワイガヤ〟の雰囲気となっており、トヨタ車とは全く別次元で〝こだわり〟を追求できる体制が整えられています。

さらに2012年には、レクサス本部はレクサス車の開発・営業・マーケティング・広報機能を集約させ、グローバル規模でレクサスのヘッドオフィスの役割を担う、レクサスインターナショナルに再編されています。

●レクサス匠制度

レクサスの生産に関して、レクサス匠制度に注目します。〝レクサス匠制度〟における実技能修得では、基本技能の修得に加え、ベテランの暗黙知、つまりカンやコツをも素早く修得する方法を確立するとともに、感性技能修得の領域にまで踏み込んでいます。具体例として、基本技能の修得では苦手作業の訓練を効率的に行える〝技能道場〟を建設し、ベテランのカンやコツを効率よく学ぶためのPCマニュアルも完備されています。また感性技能の修得では、部品を平行に組み付けるなどの五感を養う訓練が新たに追加されています。さらに、レクサスマインド教育というものも実施されており、ブランドの意味を作業者全員にしっかり理解させるために「レクサスブランドとは何か?」ということから学ぶカリキュラムが整備されています。

レクサスのコミュニケーション戦略

●アメリカのディーラー

レクサスの米国市場における成功について、まず販売店に注目していきます。例えば、米国ミシガン州のレクサス販売店のオーナーはレクサス成功の要因として、故障が少ないこと、販売店のサービスがよいことの2点を挙げています。レクサスの販売店では、顧客が夜、修理に持ち込んだ車を深夜に修理し、翌朝、自宅まで送り届けるサービスを提供しています。この点に関連し、米国トヨタ販売の副社長は「米国では高級車の定義が以前と変わった。外見が豪華なことよりも、無駄な時間を節約できることが高級車に求められている。」と述べています。ちなみに世界的に信頼度の高いJ・D・パワー社の調査でも品質やアフターサービスの満足度で連続して第1位を獲得し続けました。

さらに、J・D・パワー社のパートナーは「レクサスの成功はディーラー戦略の成功と言い換えても過言ではない」と述べています。レクサスでは、ディーラー1店舗当たりの販売台数を増やすために、ディーラー数を最小限に抑え、モデルの売れ行きが鈍っても他のメーカーのように定価を引き下げたり、ディーラー側の負担を増やしてマージンを減らすようなことはしていません。また、「在庫を少なく保つことで、短期的な販売は犠牲になる。しかし一方で、在庫処理に追われたディーラーの強引な売り込みで客足が遠のく恐れがなく、長期的な販売は逆に上向く。」との米国トヨタ販売の副社長のコメントや、年に4、5回、ディーラーとのミーティングを持ち、不満があるかどうか意見を求める機会を整備していることからも、メーカーがディーラーとの長期的な関係性構築に精力的に取り組んでいることがわかります。

こうした結果、2003年には1店舗当たり平均1280台（1台当たりの平均価格470万円）を販売し、平均約60億円の売上を記録しています。レクサスのディーラーが手にする1台当たりの平均利益は38万5千円と、量販型高級ブランドの中でも特に高くなっていました。このような潤沢な利益を得ているからこそ、レクサスのディーラーは店舗を豪華に改装でき、また通常の2倍の販売マージン（一般ブランドの場合、販売員の平均マージンは1台当たり4万4千円ですが、レクサスは8万8千円）を提供して、優秀な販売員を集めることもできるわけです。さらに代車提供や無料洗車といったサービスについても、豊かな財力により実現しています。また殺伐としたディーラーが多い米国市場において、レクサス販売網のアットホームで質の高いサービスは歓迎されており、こうしたこともレクサスの好調な販売を支える要因となっています。

次に、2005年に日本市場に投入されたレクサスの日本におけるコミュニケーション戦略について、見ていきましょう。

●店舗

国内販売網に関して、2千億円を投じ、超豪華なショールームを一気に143店、新設しています。店舗については、レクサスならではの高級感はもとより顧客中心の考えを徹底的に追求し、すべての顧客にいつでも同じ印象と質の高い〝おもてなし〟を提供するために、外観・内装のデザインおよび機能を統一したうえで全国に展開しています。

しかしながら、視点を変えれば、レクサス店には先行投資コストが重くのしかかっているということです。最低でも800坪の敷地面積を必要とし（トヨタの販売店は約500

坪）、建築費だけでも7億円（トヨタの販売店は3億円）、なかには10億円を超える店舗もあります。もちろん、これを全額負担するのは販売会社で、年間総コストは3億6千万円にものぼっています。

日本には約5千店舗にもおよぶトヨタ系販売店がありますが、一般のトヨタ車の販売では単価の低いコンパクトカーの台頭や値引き販売の恒常化などにより、営業利益率は2％程度まで落ち込んでいるようです。こうした事情もあり、投資額は大きいものの、さらなる発展を目指し、販売会社はレクサスに取り組んでいると思われます。

立ち上げ後も時が経つにつれ、店舗への注力はさらに加速しています。例えば、商談室の1つがレクサスのオーナー限定のネイルサロンになっていたり、また店舗の向かいにあるゴルフ練習場と提携し、平日には2時間までのボール代を無料にするサービスを提供している販売店もあります。また2008年には、〝レクサスインターナショナルギャラリー青山〟をトレンドの発信地として様々な業種の高級ブランドが集結する東京・青山にオープンさせています。店舗の特徴としては、間接音響・音ビーム化などの要素技術を統合した音環境デザインを採用することにより、都心のショールームであることを忘れさせ、あたかも自然の中にいるような心地よい音響演出がなされています。

●接客――〝おもてなし〟

接客――〝おもてなし〟については、商談開始からアフターサービスに至るすべての販売・サービスの場面において、顧客の期待を超える安心感と満足度を提供することが目標とされています。そのために徹底した研修、営業、サービスなどが実践されています。

―研修

開業時の人員はセールスコンサルタントが約1千名、テクニカルスタッフが約600名、その他のスタッフを含め、計2千名にもおよんでいました。こうしたスタッフが最高の〝おもてなし〟を提供できるように、様々な研修が行われています。そのための特別な研修施設として、富士レクサスカレッジが2005年3月に設立されています。

研修内容については、座学にとどまらない〝実体験に基づく理解〟を研修の基本とし、具体的にはチーフエンジニア、デザイナーなどと直接意見交換ができる研修、さらには富士スピードウェイ内に開設しているメリットを生かし、本コースや安全研修施設モビリタで走行性能を体感できる研修などを実施しています。

とりわけ、研修においてはスタッフ全員が〝レクサスブランドが顧客に提供する価値〟

をしっかりと理解し、そのうえで自らが考えて行動できるようになることが重視されています。例えば、ベンツやＢＭＷに乗ったことがないスタッフも多かったため、富士スピードウェイを借り切って、時速１５０㎞での運転などを含むレクサスとの比較試乗を行い、競合ブランドも含めて乗って実感し、商品を理解するということも実践されています。富士レクサスカレッジの責任者は、「ライバル車を知らなければ、高速運転でも静かなレクサスのよさを実感できないから。販売員が実際に体験すれば、セールストークの説得力が増すでしょう。」とコメントしています。

また、若い販売員たちには米国の一流ホテル〝ザ・リッツカールトン〟のサービスや日本の伝統的礼法〝小笠原流礼法〟が徹底的に叩き込まれています。このように挨拶、言葉遣い、顔の表情、名刺交換の作法まで〝一流の接客〟が徹底されています。さらに９日間の日程でアメリカ研修も行われており、現地のレクサス販売店、富裕層が利用するホテル、レストラン、空港ラウンジなどを見学するといったプログラムになっています。

―営業スタイル

外回り営業が主流の業界にあって、レクサスでは完全来店型の販売形態を採用し、来店客に対しては先ほども触れた小笠原流の接客でもてなしています。その他、店内の顧客には要求があるまでは極力声をかけないなど、これまでとは異なる営業戦術を採用しています。また納車時には、納車専用のプレゼンテーションルームにて、車の前で記念撮影を行い、ノンアルコールのシャンパンで祝杯を上げ、購入者の好みや趣味に合った品がプレゼントされています。こうしたサービスは全国統一の〝レクサスコード〟であり、ユーザーが来店した際の店舗の印象やサービスを一律にし、ブランドイメージを保つことが意図されているわけです。

—サービス

購入後のサービスの特徴として、レクサス・トータルケアに注目します。レクサス・トータルケアは〝レクサスオーナーズデスク〟、〝G-Link〟、〝新車保証〟、〝レクサス・ケア・メンテナンスプログラム〟という大きく4点から構成されています。それでは〝レクサスオーナーズデスク〟、〝G-Link〟の中身について見ていきましょう。

〝レクサスオーナーズデスク〟とはレクサスのオーナー専用のコールセンターであり、車の操作方法やアフターサービスに加え、リースや保険など様々な問い合わせにレクサス・ケア・コミュニケーター（電話オペレーター）が対応してくれます。車内に標準搭載されているハンズフリーの通話機能によりフリーコールで利用でき、また保険会社などに電話をつなぐなどのサービスも提供されています。

〝G-Link〟とは専用のテレマティクス（車載型双方向情報通信システム：自動車などの移動体に通信システムを組み合わせてリアルタイムに情報サービスを提供する仕組み）であり、レクサスに標準搭載されています。〝G-Link〟により、ナビゲーションの目的地設定、道路交通情報、店舗や診療施設の情報、さらにニュースや天気予報に関する情報まで入手できます。また、レストラン、ホテル、国内航空券の予約も可能となっています。この他、〝G-Link〟では事故や故障などのトラブルに対応した〝レクサス緊急サポート24〟、事故や急病の際にワンタッチで緊急通報が可能となる〝ヘルプネット〟、ドアロックの締め忘れのメール通知に始まり、盗難車の位置追跡や警備員の派遣までも可能な〝G-Security〟など、実に様々なサービスが展開されています。こうしたサービスを実行するうえで、レクサス・ケア・コミュニケーターが極めて重要な存在となりますが、販売店のスタッフと同じ研修を受講させるなど、万全の体制を整えています。

サービスはさらに進化しており、2009年7月に発売されたハイブリッド車である〝HS250h〟には運転を楽しみながらも、優れた燃費性能を引き出すエコドライブをサポートする〝ハーモニア・ドライビング・ナビゲーター〟が標準搭載されています。この機能により、燃費をはじめ、リアルタイムで自らのエコドライブの状況が確認できるようになっています。また毎月、エコドライブの判定が行われ、ゴールド、シルバー、ブロンズの3段階で評価されます。さらに、〝レクサスオーナーズサイト〟の専用ページでは、全国のユーザー間におけるエコドライブのランキングも掲載されています。

このようなサービスに対する顧客からの評価は極めて高いようです。「ドアロックをし忘れたときにレクサスから携帯に連絡がきて閉めることができて助かった」、「オーナーズデスクでレクサス専任のオペレーターが教えてくれたレストランの情報が適切で当たりだった」、「最初は、そういうサービスは余計なお世話だなと思っていたんだけど、実際役に立つとうれしいね」といった声がレクサスオーナーから聞こえています。

徹底したサービスの展開に関して、担当スタッフは「プレミアム・ブランドのビジネスモデルというのは、一度お客さまになってもらった方に継続してもらうことが非常に大切と考えています。オーナーを魅了したいというか、お客さま第一主義という中で、買っていただいてから、本当のおつき合いが始まる。それをレクサスは販売サービス面の一番に掲げていまして、お客さまを手厚く様々な面でサポートしようとしています。」と語っています。

8

〝システム〟という土づくり

アジエンス

（プレミアム・シャンプー）

〔画像提供：花王株式会社〕

2003年秋に花王から発売された〝アジエンス〟の売上は発売後1年で100億円以上に達しました。3％のシェアを獲得すれば大成功とされるシャンプー市場で7％のシェアを獲得し、花王は2001年に日本リーバに奪われたヘアケア製品トップの座に再び返り咲きました。過去30年間、花王から新しく発売されたシャンプーが売上ベスト3に入ることはなかったものの、〝アジエンス〟は見事にベスト3入りを果たしています。

消費者からの評価

〝アジエンス〟に関して、JMR生活総合研究所が行った消費者へのアンケート調査によると、「知っているもの？」については「アジアン・ビューティ」93％、「日本人本来の髪の美しさ」60％、「黄色のパッケージ」60％となっており、テレビCMでのキャッチコピーや容器の外見など、イメージに関連した項目が上位に入ってきています。しかし「非常に魅力的だと感じるもの？」に関しては、「結っても跡がつかないくらいしなやかな髪」66％、「洗いながら髪に美容成分を浸透させる技術」65％というように、製品機能に関する項目が上位を占めています。この結果から、消費者への訴求において、イメージ戦略はもちろん重要ではあるものの、実際の購買に関しては〝製品機能〟が重要な役割を果たしていることがわかります。

ちなみに、〝アジエンス〟使用者満足度は「非常に満足している」30％、「まあ満足している」64％となっており、9割以上が満足している状況であることがわかります。

それでは、こうした消費者から高い評価を得ている「〝機能的価値〟がいかに生み出されたのか？」について探っていきましょう。

アジエンスの〝こだわり〟

●コンセプト

アジアブームだったこと、またコンペティター（競合他社）が〝西洋〟を強調していたこともあり、テーマおよびコンセプトを〝アジアン・ビューティ〟とし、アジアのエッセンス、サイエンスという意味からブランド名〝アジエンス〟は生まれています。〝アジアン・ビューティ〟では「外から足りないものを補う」のではなく、「内面から美しく」という東洋美容の考え方に基づいた東洋人ならではの美しさが強調されています。もちろん、とりわけ日本を強く意識し、日本人の髪質に合わせたシャンプーになっています。ターゲットは20－30代の女性を中心としています。

●〝東洋美容エッセンス〟

花王は長年、生薬の研究をしてきています。また欧米やアジアでもヘアケア事業を展開しているため、各国の毛髪に関する情報が蓄積されており、こうした知見が〝アジエンス〟にうまく活かされています。具体的には、1千種類くらいある髪によさそうな成分を1つひとつ調べ、大豆・真珠プロテイン（補修成分）、米・朝鮮人参エキス（保湿成分）、按葉（ユーカリ）エキス（保護成分）の5種類を配合した〝東洋美容エッセンス〟を開発しています。「アジアのイメージがあるから朝鮮人参が入っています」というような安易な組み合わせではなく、データに基づき配合しているわけです。

●「結っても跡がつかないほどの洗い上がり」

日本人の髪本来のハリやしなやかさを引き出し、「結っても跡がつかないほどの洗い上がり」を特徴とする〝アジエンス〟は花王の全社的な技術力の結晶とも言えます。当時の尾﨑元規社長は「社内に様々な技術の蓄積があったから（開発できた）」と述べています。花王には複数の研究所が持つ技術やデータを結集し、1つの商品をつくるという商品開発手法が定着しています。

具体的には、まず〝アジアン・ビューティ〟というコンセプトはなかなか言葉では伝わらず、担当スタッフはコンセプトに合ったアジア人女性の写真を用いて関連する研究員たちに説明し、イメージを共有化させています。その後、ヘアケア研究所の研究員が「東洋的で、なおかつ髪によい成分を配合できないか」と考え、〝ヘルシア緑茶〟の開発過程で植物成分を分析し、豊富なデータを揃えていた生物化学研究所に相談しています。こうしたデータに基づき、アジアのイメージがあり、また髪の水分を補う朝鮮人参やタンパク質を補う大豆プロテインなどに辿りついています。

さらに、「結っても跡がつかないほどの洗い上がり」を実現するためには柔らかさと弾力をもたらすトリートメントが必要でした。そこで、素材開発研究所と共同で衣料用の柔軟剤に使われる活性剤を応用する研究を始めています。この活性剤には静電気を防止し、物質を柔らかくする作用があったのです。このように〝アジエンス〟の開発には様々な社内の研究所のよい部分がうまく活用されているわけです。

●香り

香りに関しても〝こだわり〟を見ることができます。従来のシャンプーでは爽やかな香り、すがすがしい香りが多かったものの、〝アジエンス〟では〝アジアン・ビューティ〟という女性像を提案しており、それにマッチする特長のあるものを目指していました。しかしながら、癖が強いと臭く感じてしまうなど、調整には手間取り、試行錯誤を重ね、最終的に〝フロリエンタル〟というちょっと変わった香調を選び、〝花果実の香り〟に決定しています。

●ボトル容器

発売当時のボトル容器は、蓮の花や女性の凛とした立ち姿をイメージさせる形状になっていました。上部のフタは少し右上がりになっており、こうした形状を大量生産することは非常に難しく、商品開発の担当者が工場を走り回り、調整を重ねることによって、実現させています。またボトル容器は、金色で内面の輝きをイメージしています。さらに金に赤の商品ロゴの組み合わせは、東洋で伝統的によく使われており、アジアを強く意識させます。金色の輝きをプラスティック製品で表現することも難題ではあったものの、最後まで妥協せずに実現させています。

発売当時のボトル容器
〔画像提供：花王株式会社〕

アジエンスの開発

●開発までの道のり

まず、こだわり抜いた〝アジエンス〟が開発されるに至った背景について見ていきます。

花王は1932年、日本初のシャンプーとなる〝花王シャンプー〟の発売以来、70年近くマーケットシェアでは不動のトップでした。しかし、1970年代に発売した〝メリット〟、〝エッセンシャル〟という2大ブランドに続く商品がなかなか育ってこないという状況に陥っていました。こうした花王の2大ブランドは、日本の多くの家庭で気軽に消費できる典型的なボリュームゾーン向けの商品であり、花王は多くの消費者ニーズを満たす商品開発、大量生産、マス広告による販売を軸とする商品を得意としていました。しかし、髪に〝こだわり〟を持つ消費者が望むような商品にはうまく対応できず、例えば日本リーバの〝ラックス〟やP&Gの〝ヴィダルサスーン〟に対抗し、1996年に投入した〝ラビナス〟をはじめ、1994年から2003年までの10年間で合計7点の新製品を投入したものの、どれも不発に終わっていました。

花王の〝メリット〟や〝エッセンシャル〟といった歴史あるシャンプーは、家族みんなで使うボリュームゾーンの商品ですが、今後の日本において、こうした市場の拡大は見込めず、成長余地のある個人型商品に注力していくことになります。

このような背景のもと、2001年、女性が自分の髪を美しくするために使う新しいシャンプーとリンスのブランドをつくる社内プロジェクトが立ち上がりました。

●〝アジエンス〟・プロジェクト

〝アジエンス〟の開発に当たり、トップ主導の全社プロジェクトを立ち上げ、事業部、商品開発部、研究関連部門以外にも、社外のコピーライターやデザイナーまでも参画させ、社内外の精鋭を結集した30名のプロジェクトチームが結成されました。そこでは、ロゴを縦にする、非対象の容器、花王の象徴である月のマークの除外など、従来の花王では考えられない提案が行われています。例えば、非対象の容器などは生産効率を極端に低下させるため、通常は認められません。「これで失敗したら、もう花王は個人型商品はできない、そのくらいの覚悟はありました」とマーケティング開発センター長はコメントしています。

またプロジェクトの進行について、担当スタッフは、「本当にこだわってつくりました。また、発売前はああでもない、こうでもないとずいぶん話し合いました。プロジェクト・メンバーの意見が合わないところは、すべて調査をして本当にそうなのかということを1つひとつ調べました。延べ6千人くらいに調査して、調査の結果を見て間違いないと確認し、その結果をプロジェクト・メンバー全員が共有していきました。」と述べており、メンバー全員の意思統一が図られるまで、徹底的に調査や議論が実施されるなど、プロジェクト・メンバーの〝覚悟〟というものが伝わってきます。

通常、花王ではまず技術を生み出し、その技術を応用した商品を完成させ、その後、「こんなものが売りたい、これをどう売るか」という流れであったものの、〝アジエンス〟のプロジェクトでは、女性のインタビュアーが女性の対象者と一緒にホテルに泊まり、夜、髪を洗い、朝、仕上げて出ていくまで、観察・測定・インタビューを徹底して行う〝お泊りデプス〟という調査が実施されるなど、まさにシーズ志向からニーズ志向への転換が行われています。

アジエンスの〝土づくり〟――成果を出すシステム

〝アジエンス〟・プロジェクトでは、ボリュームゾーンに向けた安くてよい商品という花王がこれまで得意としてきた製品戦略と決別し、従来の花王の常識では考えられない様々な取り組みが実行され、〝アジエンス〟の成功に大きく貢献していることは間違いありません。しかし、〝アジエンス〟の成功の根底に社内の様々な技術リソースを効果的に活用できる花王の全社的システムが存在していることは極めて重要なポイントです。

大組織であるにもかかわらず、様々な研究所間で円滑な取り組みを実行できる要因として、花王における研究所間の協力を促進する土壌が挙げられます。まず組織的要因に注目すると、基盤技術系の研究所（生物化学研究所や素材開発研究所など）と商品開発系の研究所（ヘアケア研究所など）が交差するマトリックスが構築されています。基盤技術系の研究所はどの事業部にも属していないため、全くしがらみがなく研究成果を様々な商品開発担当者に提供することが円滑に行われます。また人事評価的要因では、花王の研究員は基本的に「商品化にどれだけ貢献したか」という観点で評価されるため、基盤技術系の研究員は社内をこまめに回り、商品化の商談を持ちかけるという研究員とは思えない行動が一般化しています。こうした社内の技術を有効に活用できる花王のシステムが〝アジエンス〟を支えているわけです。

アジエンスの顧客対応

●テレビCM

商品投入時のテレビＣＭでは、アジアを代表する中国出身の女優であるチャン・ツィイーが起用されました。また従来、日本人が強い憧れを抱いていた西洋のイメージに対抗するために、テレビＣＭには毎回、西洋人の〝嫉妬ガールズ〟を登場させ、〝アジアン・ビューティ〟を消費者に対比的にわかりやすく伝える工夫が施されていました。さらに、坂本龍一によるＣＭのテーマ曲も話題となりました。

●製品改良

〝アジエンス〟では、２００３年の発売以降、継続的に製品改良が行われています。例えば、２００８年には、もろくなりがちな毛先まで強くしなやかで吸いつくような触れ心地に仕上げる商品ラインとして〝アジエンス　インナー・リッチ〟に名称変更するとともに、根元から軽くしなやかな髪に仕上げる新ラインとして〝アジエンス　ネイチャー・スムース〟を新発売し、〝アジエンス〟を2ライン化しています。

花王の調査によると、〝アジエンス〟のターゲットである20代後半－30代の女性においては、髪の傷みが気になり毛先までしっとりまとまりのある仕上がりを志向するグループと、頭皮のベタつきや脂っぽさが気になり根元から軽くしなやかな仕上がりを志向するグループとに大きく二分化しており、2ラインの〝アジエンス〟は、こうしたニーズに対応して開発されています。

２０１１年には、今ある髪をよくすることに加え、これから生えてくる髪をも気遣い、地肌と髪のＷケア、さらには具体的な手入れ方法である「ご自愛メソッド」をあわせた提案を行っています。また２０１４年のリニューアル時には、イケメン美容師による新アジエンスを使ったシャンプー＆ブローを無料で実体験できる「ビューティ・シャンプー・バー」が六本木ヒルズなどに期間限定で開設されるなど、顧客とのダイレクトな接点を構築し、関係性を深める取り組みが精力的に実施されています。

9

〝リーダーシップ〟という土づくり

ザ・プレミアム・モルツ

（プレミアム・ビール）

〔画像提供：サントリーホールディングス株式会社〕

〝ザ・プレミアム・モルツ〟（以下〝プレモル〟）は、もともと〝モルツ・スーパープレミアム〟という商品名で、1989年に限定発売され、2003年から現在の名称となり、販売されています。2004年までは50万ケースのレベルにとどまっていたものの、2005年の〝モンドセレクション最高金賞〟受賞を契機に126万ケース（2005年）、550万ケース（2006年）、951万ケース（2007年）、1149万ケース（2008年）とまさに右肩上がりとなり、2008年にはヱビスビールを抑え、プレミアム・ビールのシェアでトップになっています。それでは、本格的な販売開始からわずか5年程度で首位となった〝プレモル〟の秘密に迫っていきましょう。

ザ・プレミアム・モルツの〝こだわり〟

●素材への〝こだわり〟

〝プレモル〟の開発者は「今からおよそ30年前、ビールの本場ヨーロッパに単身渡り、様々なビールの研究を重ね、世界で一番飲まれているピルスナービールで世界最高峰のビールをつくりたいという想いこそが〝ザ・プレミアム・モルツ〟誕生の出発点でした」と語っています。そのために、まず素材選びからこだわっています。ホップは香り高いビールを実現するために苦みの少ないアロマホップを使用し、香り付けにはファインアロマと呼ばれる最高クラスのホップの中から、さらに厳選を重ねています。また、麦芽は豊かな味わいと爽快な後口のビールに一番適した二条大麦の中でも、デンプンを多く含む粒が大きいものを採用しています。水はビールの約9割を占め、品質を決定する大切な素材であり、自然の地層によってろ過された清浄な深層地下水を100％使用しています。深層地下水は季節や天候に左右されないため、安定した品質を保つことができ、また豊富に含まれるミネラルが旨み成分を抽出してくれます。さらに、こうした日本の水はピルスナー発祥の地、チェコのピルゼンと同じく軟水であり、ピルスナービールに適しています。

●製法への〝こだわり〟

「ホップにある花のような香りをいかに程よく出すか」という課題に対して試行錯誤を重ね、開発に着手してから約10年もの歳月を費やし、2－3度に分けてホップを追い足すように投入する〝アロマリッチホッピング製法〟に辿りついています。また、仕込みの工程にも手間をかけています。通常なら煮沸の工程で1度しか温度を上げないところを、2度にわたり上げる〝ダブルデコクション〟を採用し、しっかりと濃厚な麦汁をつくり出すことに成功しています。さらに、濃い麦汁ならではの発酵条件を採用し、味に深みを出しています。

●生産への〝こだわり〟

担当スタッフは「コスト重視で高効率を目指すような時代にありながら、〝プレモル〟はまったく反対に手間暇をかけ、その結果として、おいしいビールに仕上げています」と述べています。こうした継続的に取り組まれている手間暇について見ていきましょう。

素材に関して、ファインアロマホップであるザーツ種の香りは年ごとや農園によって微妙に変わります。よって、その年の最高の香りを持つホップを調達するために、必ず現地へ赴き現物を吟味して選んでいます。厳選したホップは収穫時から工場の使用時まで徹底管理され、高い品質と鮮度を保っています。また、現地ではホップの栽培から手がけるホップマイスターの育成にも取り組んでいます。大麦・麦芽についても、現地で製麦会社の技術者と、その年の現物の大麦の特徴（粒の大きさや膨らみ具合など）や、できた麦芽について入念に現物を確認し、品質協議を実施してから工場に納入しています。

さらに、缶についても外観に傷がつかないように専用のラインスピードを通常より遅くしており、また、できあがった〝プレモル〟は一本一本、容量・外観検査を機械と目視で行った後、箱詰め機に送るという徹底ぶりです。

●モンドセレクション最高金賞

〝プレモル〟は業務用の限定販売を経て、2001年に商品名：〝モルツ・スーパープレミアム〟、350ml缶・243円という価格で発売されました。サントリーは首都圏に居住する2千人の消費者への調査を行い、「少々高くても上質なビールを飲みたい」が46・5％（1995年）から53・1％（2000年）へ、「ビールの原料・製法に興味がある」が46・5％（1995年）から53・7％（2000年）へと増加傾向にある消費者のニーズを踏まえ、「贅をつくしたスーパープレミアム・ビール」として、〝モルツ・スーパープレミアム〟を発売しています。その後、佐治信忠社長の「安いものにシフトした揺り戻しで、個性の強いものも求められる。〝モルツ・スーパープレミアム〟にもっと力を入れよう。」との大号令のもと、2003年に自社最高峰の品質であることをアピールするために〝プレミアム〟を強調し、現在の名称になっています。

しかし、2003年のリニューアルにもかかわらず、〝プレモル〟を売り込む機運は社内では盛り上がりませんでした。実際、売上も2004年までは50万ケースのレベルにとどまっていました。転機となったのは、2005年度〝モンドセレクション〟のビール部門で日本初の最高金賞を受賞したことです。当時を振り返り、担当スタッフは「サントリービールは宣伝や営業の力で売っていると言われてきた。製造に携わる者として思うところがあった。」、「モンドセレクションに応募したのは、品質に自信があったビールの裸の実力を、ビールの本場、欧州の品評会で試すためだった」とコメントしています。

〝モンドセレクション〟について補足すると、世界中から優れた製品を発掘・顕彰することを目的として、1961年から始まった世界的に権威のあるコンテストで、品質向上に関する賞としては世界で最も古く代表的なものとなっています。審査は品質、味覚等についてベルギー厚生省に認可された機関で分析を行い、さらに業界有識者で組織される委員会により総合的に評価されます。審査結果に対して、最高金賞、金賞、銀賞、銅賞という4段階の賞が授与されます。

〝プレモル〟担当の取締役は「この賞を受賞したことで社内の士気が高まったのはもちろんですが、私たち以上にこの結果を評価していただいたのはマーケットの皆様でした。

流通関係者から高い評価をいただき、取扱量が一気に増えたのです。あまりのオーダーの急増ぶりに一時は生産が追いつかず、休売という事態も生まれたほどです。」と当時を振り返っています。

ザ・プレミアム・モルツの〝土づくり〟——リーダーシップ

このように、こだわり抜いた〝プレモル〟の開発までの道のりを見ていきましょう。宣伝や営業力に定評があるサントリーのビール事業が長らく黒字化できなかった理由について、佐治信忠社長は「消費者にうまいと思ってもらえるものをつくれなかった。サントリーはそれを学ぶのに45年かかった。」と語っています。

サントリーは1963年、〝キリンラガー〟全盛で苦味をしっかり感じるビールが主流であった市場に、2代目の社長である佐治敬三氏が惚れ込んだ軽い味わいのビールで参入しています。市場での主流商品とのあまりの違いに消費者は「味が薄い」と拒否反応を示し、さらには「ウィスキーくさい」という中傷まで出る始末でした。消費者不在のまさにつくり手の独りよがりの商品になっていたわけです。

その後、1986年になって、ようやく麦芽100%でコクのある〝モルツ〟に転換しています。「それまで我々がつくったものは絶対にうまいんだ、それをわからん方が悪いという、少し驕ったところがあった。佐治敬三のそうした哲学を社内で打ち壊すことができなかった。それを壊すのは直系である息子の役目。」と現社長である佐治信忠氏が考え、実行したわけです。

1989年には、武蔵野工場内に通常の20分の1の規模のミニブルワリーを建設し、ビールの商品開発と生産チームに「うまいビールをつくれ」と佐治信忠氏は大号令をかけました。「研究室ではなく量産移行が可能な本格的な施設で、それまで温めていた質の高いビールをつくり、ノウハウを積み重ねろ」という意図が込められています。また当時の工場では1回の仕込量が大きく、製造後の販売を考えると個性的なビールを製造するのは難しく、ヨーロッパのように小規模生産可能な施設が必要という事情もありました。

このようにトップの強力なリーダーシップのもと、ミニブルワリーまで建設して取り組むという大きなプロジェクトが立ち上がりました。リーダーシップに関連して、佐治信忠社長は「新しいことに取り組む時……必ず反対がある。……とにかく前向きに指示を出していく。有無を言わせないリーダーシップをとらないと新しいものは世に出せません。……『これがこうなって、これだけの利益を……』なんていう細かい話よりも我々が新しいサントリーグループをつくるんだという熱気を社内にたぎらせる。その機関車役ですわ。」とコメントしています。こうしたトップの強いリーダーシップのもと、〝プレモル〟のプロジェクトは進行していったわけです。ここまで環境を整えられると、担当する技術者たちにも「中途半端なものはつくれない」という〝覚悟〟が生まれるのではないでしょうか？

ザ・プレミアム・モルツのコミュニケーション戦略

●広告

2005年からサントリーは矢沢永吉を起用したテレビCMを展開しています。当時のメッセージは「最高金賞のビールで最高の週末を。」であり、週末にはちょっとよいビールをという意味が込められていました。矢沢永吉の起用については、ロックスターとして長年にわたり第一線で活躍し、華やかな魅力あふれるイメージが最適であるとの判断により決定されました。普段はステージなどオンのイメージの強い矢沢永吉が週末というオフを演じることで、〝プレモル〟を楽しむちょっと贅沢な週末を訴求しています。また、矢沢永吉というキャラクターの選択はもちろん〝永ちゃん〟という意味合いが通じる年代である30代後半から上の層を意識してのことです。

その後、2008年のテレビCMのキャラクターには矢沢永吉に加え、女優の竹内結子を起用しています。こうした戦略により、2008年5月の調査では2006年3月と比べて、20－30代男性の顧客層は3倍、女性顧客層は2・4倍に拡大し、年配の男性が飲む高級ビールとして敷居が高かった〝プレモル〟のイメージ転換に成功しています。

●営業――対飲食店

〝モンドセレクション最高金賞〟を受賞した〝プレモル〟の商品力は現場の営業にも大きな影響を与えています。営業スタッフは、「世の中がちょっとした贅沢を求めています。おたくのような名店に扱ってほしいんです。」といって、飲食店に〝プレモル〟を2本置いていくということを積極的に行っています。これまで老舗など名店でサントリーは相手にしてもらえることが少なかったものの、〝プレモル〟に対しては店主や料理長から「矢沢永吉のCMでしょ」、「買って飲んだことあるよ」と認知度が高く、好意的に受け入れられています。また価格交渉でライバル会社より優位に立てず、諦めかけた商談も「〝プレモル〟のファンだから」と契約してもらえることもあり、今までの商品では考えられない事態が起こっています。

営業サイドは、特に味にこだわる老舗に注力しています。大手居酒屋チェーンに比べれば数量は圧倒的に少ないものの、あの店が認めた味ということになるからです。「従来、サントリーという会社で売ってきたが、〝プレモル〟により品質をアピールして勝負をかけれるようになった」と担当スタッフは語っています。

さらに、「〝ザ・プレミアム・モルツ〟はすごい武器なんですよ。この商品があるから私たちは自信を持って切り込める。」、「高級な旅館や飲食店に勧められる商品を得たのが大きかった。ご提案ができるし、様々な作戦を立てられる。商品で現場はガラッと変わります。」との声も現場から上がってきています。

また、地域によっては既存のモルツ採用店に〝プレモル〟への置き換えを促す営業も推奨しています。「〝プレモル〟に置き換えたいものの、仕入値やビール一杯の提供価格を上げたくない」と考える店には、例えば500mlのジョッキでモルツを提供している場合、400mlのピルスナーグラスで〝プレモル〟を提供することを勧めています。2008年には、〝プレモル〟の年間販売数の6割は業務用となっていました。

●営業——対小売店

小売店に対する提案に関して、担当スタッフは次のように語っています。

「新ジャンル（第三のビール）だと、価格も手ごろですからちょっと試しにということでブランドスイッチが簡単に起こります。プレミアムカテゴリーは衝動買いが少ない代わりに飲まれたら定常化するチャンスがある商品ですから、店頭フェイスが広がるということはものすごく大事なことです。ですから、我々が〝ザ・プレミアム・モルツ〟を売り出すときに最初に『プレミアム・ビール・コーナーをつくりませんか』と、ご提案しました。そのコーナーには〝ヱビス〟も、キリンさんのチルド系も入れましょう、もちろんその真ん中には〝ザ・プレミアム・モルツ〟を大きく置いてください、というご提案です。」

このように単なる数量や価格の交渉を超えたプレミアム・ビール市場拡大による〝プレモル〟売上増を狙った提案も積極的に実践されています。

●工場を活用したプロモーション

百貨店のバイヤーや外商社員、売り場の販売員にまで声をかけ、工場に招き、製造現場の案内や品質への〝こだわり〟の説明、樽生〝プレモル〟の試飲などを実施しています。「一番おいしいビールは工場で飲む樽生。ベストの状態の味は記憶に残る。店頭での接客時に品質の語り部になってもらえる。『これ、私も工場に行って飲んだのですが』といってもらえるのは大きい。」と担当スタッフはコメントしています。

また、大口顧客となる旅館の女将や若女将を工場に連れ出し、製品情報に加え、おいしい注ぎ方、ビールやグラスの管理方法などを伝える取り組みも行われています。

さらには、消費者向けにもファン層の拡大のために〝ザ・プレミアム・モルツ講座〟を実施しています。通常の工場見学とは別に用意した90分間の特別コースで、講座の内容として、①こだわり講義：香りの決め手となるアロマホップなどのこだわった素材を実際に体感できるほか、「開発秘話ビデオ」の上映、〝プレモル〟の素材や製法の紹介、②製造工程見学：仕込みから発酵・貯酒・濾過・充填・パッケージなど一連の製造工程の見学、③こだわり試飲：〝プレモル〟の試飲に加え、家庭で簡単にできるおいしい注ぎ方など、こだわりの情報が紹介されています。

私が参加した武蔵野工場の〝ザ・プレミアム・モルツ講座〟では、当時、他では飲むことができなかった〝ザ・プレミアム・モルツ〈黒〉〟の生ビールが試飲でき、また併せて提供されたおつまみはピーナッツなどのありふれたものではなく、〝プレモル〟との相性を考えて厳選された老舗のお菓子やドライフルーツなどであり、〝プレモル〟に対する細部にまで及ぶ徹底した〝こだわり〟や〝意気込み〟を感じました。

●飲食店へのフォロー

飲食店で顧客に最高の状態で〝プレモル〟を飲んでもらえるように、樽生の機材の定期的な洗浄をアドバイスする樽生クルー・ドラフトアドバイザーが各飲食店を巡回しています。また、注ぎ方のセミナーの開催や、飲食店で使用するグラスに泡持ちをよくする内面加工を施すなどの取り組みも行われています。

●〝全社員ザ・プレミアム・モルツ作戦〟

最高金賞受賞で〝プレモル〟の味に自信を深めたサントリーは、もっと多くの人にとにかく一度〝プレモル〟を飲んでもらうことに重点を置くことにしました。しかし、ビール業界の慣習として発売から1年が経過した商品は店頭でのサンプル配布ができません。そこで２００７年1月20－21日に〝全社員ザ・プレミアム・モルツ作戦〟を皮切りにビール事業以外の社員まで店頭で〝プレモル〟の品質を詳しく説明する活動を実施しています。「味はつくり手のこだわりを知っているかどうかで印象が違ってくる。話を聞いてから飲むと『なるほどうまい』と強く感じ、ファンになってもらえる。」と担当スタッフはコメントしています。また、この作戦では開発者と営業担当者による地道な企業訪問も行われています。例えば、営業拠点ごとに同じビルに同居している会社など、あらゆる伝手を頼って企業を訪問し、ビールのおいしい注ぎ方や飲み方を説明してから試飲してもらうという活動が繰り広げられています。なかには情報システム部が取引先のＩＴベンダーを試飲対象先として営業部に紹介したこともあるようです。

プロモーションでも〝土づくり〟

〝プレモル〟のプロモーションには資金や人材など多大な経営資源が必要となっています。

こうしたプロモーションを支える体制に注目していきましょう。

●体制——プレミアム戦略部・プレミアム営業部

2006年、ビール事業部で〝3カ年プロジェクト〟の初年度がスタートし、〝プレモル〟や高級ウィスキーを専門に扱うプレミアム戦略部がマーケティング室に設置されています。また、営業組織の中にプレミアム営業部が設置され、東京、大阪に50人が配備されました。プレミアム営業部は、いわゆる〝いいもの〟を消費し得るエリアやゾーン、つまり東京と大阪、象徴的には銀座と新地を意識してつくられた部署です。担当スタッフは「樽製品を中心に各店に量を売るより、商品ブランドを高める営業をすることがこの部署の使命。瓶製品でもいいから多数の名店に採用されればブランド価値が高まる。」と語っています。

●大胆な投資——全社的覚悟

〝プレモル〟のマーケティングには大きな資源が投入されています。担当スタッフは「ビール類の予算の大半は〝ザ・プレミアム・モルツ〟に、ダイナミックに投入しました。……同質的な競争をしていては、絶対トップメーカーには勝てないという意識がありました。……〝ヱビスビール〟が20年間でやったところを2、3年で達成するためには、大きなマーケティングコストも必然だったと思っています。ある意味ではオーナーシップの会社だからできた意思決定だとも言えますが、その投入コストに対するリスクというのは、全社員が背負うんだという自覚も生まれてきました。それだけの商品としてみんなが一緒に〝ザ・プレミアム・モルツ〟を育てようという意識を持てたのが、インナーの要素として大きいかもしれません。」と語っています。

このように、マーケティングへの投資面からも、サントリーの〝プレモル〟に対する強力な〝リーダーシップ〟、〝全社的覚悟〟を確認することができます。

10

中小企業こそ、〝プレミアム商品〟

〔画像提供：関谷醸造株式会社〕

〔画像提供：株式会社豆太〕

今まで超大手企業を中心に話を進めてきましたが、〝プレミアム商品〟の開発はもちろん超大手企業だけが行うべき戦略ではなく、中小企業においても実現可能な戦略です。むしろ中小企業において、その重要性はさらに高いと言っても過言ではないでしょう。

前章では〝ザ・プレミアム・モルツ〟の事例を基にプレミアム商品の〝土づくり〟におけるリーダーシップの重要性について述べました。中小企業においては、当然のことながら、何事に対しても社長のリーダーシップがとりわけ重要になりますが、〝プレミアム商品〟の開発・販売においても見事に当てはまります。

中小企業の〝プレミアム商品〟と言っても、みなさん、あまりピンとこないかもしれません。もしくは伝統工芸品や老舗の高級和菓子などを思い浮かべる方もいるかもしれませんね。確かに、こうした商品は高価格で販売されていますが、その大半はブランドの議論でよく登場するような長い歴史があるなど、新規に〝プレミアム商品〟に取り組もうとする場合、参考にならないことも多いと思います。

よって本章では、そうした長い歴史などに頼ることなく、徹底して〝こだわり〟、〝高い機能的価値〟を実現した結果、高価格での販売に成功している中小企業に注目していきます。リーダー企業はもちろんのこと、チャレンジャー企業とも全く比較にならないほど、不利な経営資源の中、いかに〝プレミアム商品〟に取り組んできたのでしょうか？

それでは、プレミアム・豆腐の豆太、プレミアム・日本酒の関谷醸造の事例を見ていきましょう。

◎豆太（プレミアム・豆腐）

北海道に豆太という従業員20名程度の小さな食品メーカーがあります。札幌市を中心に主として豆腐の製造・卸売を業としていますが、驚くべきはその価格で一般の豆腐の店頭価格と比較すると、おおよそ3倍の３００円で販売されています。しかも２０００年に発売されてから、現在に至るまで好調に売れ続けています。

「お宅の豆腐でなくても、どこでもいいんだよ」スーパーとの厳しい価格交渉の際に言われた、この言葉により、「他にはない豆腐を！」と考えたのが始まりでした。

いかにして資金力も伝統もない小さなメーカーが、３００円という価格の豆腐を開発し、しかも好調な売上を維持させているのでしょうか？　その秘密に迫っていきます。

豆太とは

豆太の前身となる岡内食品は昭和29年、札幌の地に設立され、創業以来一貫して、こんにゃくの製造卸に特化した事業を展開してきました。しかし、若者の和食離れ、本州からのコンペティターの進出による価格の低下など、こんにゃくの市場環境は平成に入り、悪化の一途を辿ることになります。こうした環境の変化に対応するために、岡内食品は1998年に豆腐の製造卸企業であるカサハラ食品を買収し、豆腐事業に進出しました。豆腐の流通は基本的にこんにゃくの流通と同じ経路である場合が多く、岡内食品の販売・物流網を有効に活用できると考えたからです。また、顧客に対して幅広い商品のラインアップがあることも、他社との差別化において重要な要素となります。こうして展開された多角化戦略により売上は大幅に拡大しました。しかも豆腐は日持ちしないため、当時、本州の企業は北海道には積極的に進出せず、競争環境はそれほど厳しいものではありませんでした。しかしながら、その後、物流インフラが整備されるとともに本州の企業が北海道における勢力を拡大させてきました。その結果、豆腐市場もこんにゃく同様、低価格競争を中心とする厳しい状況となってきたわけです。

こうした利益を圧迫するほどの低価格競争が進行する状況において、岡内食品は打開策として、素材や製法にこだわった高級豆腐の開発に乗り出すことになります。この高級豆腐は〝豆太とうふ〟と名づけられ、2000年より発売され、それを専門に取り扱う企業として、同年、株式会社豆太（代表取締役社長　岡内宏樹氏）が立ち上げられました。

●〝豆太とうふ〟誕生の背景

岡内食品は、1998年にカサハラ食品を買収した後、〝ほのぼの家族〟というブランド名で豆腐や揚げなどの豆腐関連製品を販売していました。豆腐の卸売価格35円、店頭の小売価格48円が基本で、セール時には3丁100円で販売されていました。いわゆる安売りの豆腐で、会社として価格を上げることよりも、数量を第一に徹底的な売上拡大に注力してしまいました。その結果、1個当たりはまさに薄利ですが、ボリュームにより全体ではある程度の利益を上げることができていました。

しかし、当時の取引先は安売りの個人商店が中心であり、大手小売業者が台頭してくる状況の中、豆腐の売上は下降傾向になっていました。ボリュームを維持するためには大手スーパーなどとの取引を拡大させねばならず、交渉を試みたものの、原価割れが生じるほどの低価格での卸売を要求され、最後には「お宅の豆腐でなくても、どこでもいいんだよ」と言われる始末でした。実際、岡内食品の豆腐は何の特徴もない普通の豆腐で、そう言われても仕方のない状況でした。

こうした状況において、流通業者に大きく依存するのではなく、自社から消費者への直販をメインとするビジネス・モデルを模索するようになります。流通業者経由に関しては、強力な流通パワーを回避し、適正価格で取り扱ってもらえる、また今後の成長が見込める業態ということで自然食品の店をターゲットにしました。

もともと他社との差別化のため、「〝こだわり〟のおいしい豆腐を北海道産大豆と天然ニガリと天然水でつくろう」と考えていたこともあり、自然食品の店とはそういう意味でも相性がよかったわけです。

1年間ほど、自然食品店を中心に北海道産大豆と天然ニガリによる豆腐の市場性についてリサーチし、「どういう商品なら消費者に喜ばれ、適正な価格で販売できるのか？」ということを考え続けました。こうしたリサーチを行っていた際、ある自然食品の店主から「消泡剤を使わず、豆腐をつくってほしい」との要望がありました。

消泡剤は昔は灰や揚げなどを揚げた後の油などでしたが、今はシリコンなどからつくられています。人体への影響に関して問題にはなっていませんが、食品衛生法においてシリコン樹脂の使用量の上限が決められていることは事実です。とにかく消泡剤を使用しないことは人工添加物不使用というアピールにはなるわけです。

こうして北海道産大豆、天然ニガリ、天然水、消泡剤不使用による「人工添加物ゼロで体に優しく、最高においしい豆腐」というコンセプトが誕生しました。

●製品開発

豆腐の製造プロセスの概要を整理しますと、まず大豆を浸漬することから始まります。概ね夏場12時間、冬場は18時間を要します。次にそれらの大豆を水洗いし、加水しながら破砕していきます。こうしてできたものは〝呉〟と呼ばれ、窯で煮沸されます。これらの工程はそれぞれ5分程度です。次に絞り機により、豆乳とオカラに分離されます。ちなみに需要の関係でオカラが商品となる割合は極めて少なく、大半は廃棄されます。豆乳は凝固用の容器に移され、ニガリが加えられます。その後、絹豆腐の場合、1時間程度かけて凝固・熟成させ、切断・水晒し・包装となります。さらに冷却のため、2時間程度、水に漬けられてから、出荷となるわけです。木綿豆腐の場合は、15分程度の凝固・熟成時間を経て固まったものを一度壊し、木綿布が敷かれた型箱に移し、プレス機により20分程度かけて圧縮・脱水され、切断となります。

実際に消泡剤を使わずに豆腐をつくることは非常に難しいことでした。消泡剤には、すり潰した大豆を煮る際の泡や煮えムラを防ぐ作用があります。煮えムラがあるとおいしい豆腐はできません。また消泡剤の使用には、豆乳を煮た後に泡が出ないというメリットもありました。泡があると、ぶつぶつの豆腐になってしまうため、人の手で泡を潰さなければなりません。さらに、消泡剤には大豆の酸性を弱め、日持ちを長くさせる効果もありました。

そもそも豆腐製造機は消泡剤を入れることを前提につくられており、完全に両者がセットになっていました。よって消泡剤の使用に誰も何の疑問も抱いておらず、消泡剤を使わないということは常識外れの発想でした。社長は当時を振り返り、「まだ素人のような者だったから、素直にやってみようと思えた」と語っています。

試行錯誤の日々が続いたものの、なかなかうまくはいきません。そのようなとき、豆腐製造機メーカーからではなく、ボイラーメーカーの担当者から消泡剤を使用せず、豆腐をつくれる釜を扱うメーカーが九州にあるとの情報を入手します。「こうした情報を正規のルートではない、ボイラーメーカーから得れたことは大変幸運だった」と社長は当時を振り返っています。

九州の釜メーカーに問い合わせたところ、実際にそこで製造された釜を使用している東京の有名な高級豆腐メーカー（主たる商品の小売価格は300円程度）を紹介され、実際の製法や味を確認しました。

その後、一般の釜と比較すると、2倍程度の1500万円の設備投資となるものの、2000年に購入しています。購入に際し、「この商品をメインでやっていく」という〝覚悟〟を決める意味もあり、株式会社豆太を設立しています。

しかしながら、その釜を用いても、なかなか納得のいく製品はできませんでした。一般の凝固剤（硫酸カルシウム化合物）ではなく天然ニガリを使用したこともあり、そもそも全く固まりませんでした。気温に合わせて、大豆を水に浸す時間やニガリの量と入れるタイミングなどを試行錯誤する日々が続きます。

最初の2－3か月は36丁に1丁程度の歩留まりで、うまくできた商品があれば1丁でも自然食品の店に持っていくという有様でした。しかしながら、こうした状況にもかかわらず、楽しみにしてくれる顧客が現れ始めます。商品はとにかく柔らかく、「なにもしていないのに溶けた」、「容器から出せず、スプーンで食べている」など、顧客から言われる日々が続きました。ただ、そうした声はクレームではなく、エールであり、「とにかく味は最高である」という評価でした。しかしながら、結局、初年度の販売個数は600個程度に過ぎませんでした。それから3年が経過し、やっと納得のいく豆腐が製造できるようになっています。

その後、主流だった安売りの豆腐である〝ほのぼの家族〟は2004年に生産を終了させ、まだ十分な売上には至っていなかったものの、〝豆太とうふ〟に一本化する決意を固めています。現在は1日1千丁程度の販売数となっています。

豆太とうふのマーケティング・ミックス

●プロダクト

原料は北海道十勝産の大豆〝オオソデフリ〟、〝キタムスメ〟、伊豆大島産のニガリ〝海精〟、手稲山の伏流水である地下水だけでつくられており、人工添加物不使用の身体にやさしく、安心な製品となっています。こうした最高の原料と試行錯誤を重ねた煮方の技術や特別な釜によって、〝豆太とうふ〟の製品化が実現しています。

製品の特徴として、何よりも甘さと柔らかさが挙げられます。もともと、お菓子などに使用される大豆を使用しており、糖質が高い分、タンパク質が低いため、柔らかくて甘い豆腐に仕上がっています。また凝固剤ではなく、天然ニガリを使用していることも柔らかさの要因となっています。

●パッケージ

パッケージにおいても、〝豆太とうふ〟への〝こだわり〟と〝覚悟〟がよく表れています。通常、豆腐のパッケージは横書きになっていますが、〝豆太とうふ〟の場合は縦書きです。発売当初のパッケージは長方形であったため、縦書きにすると商品を縦に並べなければならず、手間やスペースの問題で流通業者からは不評でしたが、消費者にとっては一目でわかる差別化が実現したわけです。また通常、パッケージには〝木綿豆腐〟や〝絹豆腐〟が大きく表示されていますが、〝豆太とうふ〟の場合、ブランド名である〝豆太〟が手書きの字体で大きく記載されています。こうしたブランド名は容器のフィルムにプリントしているのではなく、和紙のようなテイストのプラスティック・ペーパーに印刷しており、そのペーパーを製品に巻いています（〝豆太とうふ〟「上」の場合）。ちなみに、プラスティック・ペーパーは和紙などと比較し、極めて高価な資材となっています。

また容器には、白色ではなく透明の容器を採用しています。白い容器の場合、例えば豆腐の角が欠けていてもわかりません。透明の容器には、豆太の品質や安全への絶対的な自信と〝覚悟〟が表れていると言えます。さらに、消費者に「豆腐の色をよく見てほしい」という意気込みもあり、この点について「たかがパッケージ、されどパッケージ」と社長は語っています。

このようにパッケージにおいても消費者が明確に認識できる〝インパクト〟、〝差別化〟が実現できています。

発売当時のパッケージ
〔画像提供：株式会社豆太〕

●プライス

〝豆太とうふ〟は店頭価格300円で発売されています。一般の豆腐の概ね3倍程度の価格です。この価格設定は以前、釜購入に際して訪れた東京の有名な豆腐店が300円以上の商品を販売し、売上が12億円程度であったことを踏まえ、人口などを換算し、「同程度の価格でも札幌で1億円ぐらいの商売になるのではないか」と考え、決定されています。また実際、北海道産の大豆や天然ニガリを使うと、300円というのは最低ラインの価格設定であることも事実です。

●プレイス

流通に関しては、当初、消費者への宅配などに積極的に取り組んだものの、事業に見合うボリュームとはならず、現在ではGMSが主たる取引先となっています。また以前では想像もできなかったことですが、高級百貨店との取引も実現しています。しかも豆太コーナーを設置してもらっている店も少なくありません。さらに値下げ要求は一切なく、どこの流通業者にも一律の卸値で販売されています。加えて、工場で直販も行っていますが、少ないボリュームながら、こちらも好調に推移しています。

●プロモーション

もちろん、マスメディアを利用した広告などは実施されていません。しかしながら、販売開始3年目に取引銀行主催の商談会に商品を出品した際、地元の北海道新聞に取り上げられ、以後、他の新聞社やテレビ局やラジオ局などから百件を上回る取材依頼があり、一切お金をかけることなく大きな広告効果を得ています。

ここまで大きく取り上げられた要因として、「北海道産大豆の使用や新しい製法、安全な商品、パッケージのインパクトなどによるのではないか」と社長は語っています。消費者からの反応でも、「地元の北海道産大豆なので安心である」との声が多いようです。

●商品ラインの拡大

1種類の豆腐で経営が成り立てばよいのですが、それは当初より困難であると豆太も判断しており、木綿と絹を用意し、しばらくして寄せ豆腐、厚揚げ、揚げなどをラインアップに加えています。さらに経営的問題や顧客の要望もあり、180円という豆太においては低価格帯となる豆腐のラインも加えています。300円の商品とは異なる十勝産の大豆を用い、濃さもやや薄めになっています。パッケージも、和紙のようなテイストのプラスティック・ペーパーを巻くのではなく、容器のフィルムに商品名などを直接印刷しています。さらに本州からの商談に対応するために、防腐剤不使用のまま賞味期限を伸ばし、長距離輸送にも耐えうる〝まるとうふ〟なども開発しています。

しかしながら、もちろん失敗例も数多くあります。例えば、そもそもニガリメーカーが廃業したために中断してしまったものの、〝オール北海道産〟にこだわり、道産のニガリを使った店頭価格500円の豆腐はうまく立ち上げることができませんでした。

こうしたライン拡大はブランドイメージなどを考慮すると賛否両論、意見が分かれるところでしょうが、商品点数の増加により店の売り場で豆太コーナーが設置されるようになるなど、消費者への商品の訴求や販売に対しては大きく貢献しています。それはコーナーが設置されている店とそうでない店とでは、売上が大きく異なっている状況からも明らかです。

豆太とうふの効果

●費用対効果

まず原料においては、現在使用している十勝産大豆は以前使用していたアメリカ産大豆の2－3倍程度の価格になっています。こうした高価な大豆から従来よりも濃い豆乳を抽出しています。天然ニガリも以前の凝固剤と比較し、10倍程度の価格となっています。よって、トータルの原材料費は従来の5－6倍になっています。また製造時間に関しては従来の3倍程度となっており、当然、人件費などに大きく跳ね返ってきています。機械設備に関しても釜は従来の2倍の価格です。このように従来と比較し、かなりのコスト増となっているものの、店頭価格300円、卸値210円が維持できており、適正な利益を確保しています。

●差別化要因

以前から札幌でも200円代の豆腐は販売されていました。しかしながら、「300円という価格の豆腐は珍しく、インパクトはあったかもしれない」と社長は語っています。そうした割高な価格に対して、原料、品質、パッケージ、そして味などを中心に消費者を納得させるレベルに到達していたことが立ち上がり時における成功の要因として挙げられます。さらに一般消費者に加え、すすきのの料理人からも高い評価を得ています。

模倣への対抗策に関して、もちろん商標登録などは行っていますが、それ以上に徹底的に〝こだわり〟、手間をかけてつくることが他社にとっては極めて模倣困難なポイントになっています。例えば、消泡剤を使わないため、豆乳の煮こみに手間をかけ、その後、泡取りの作業などを行う必要があります。また、糖分の多い大豆に固まりにくい天然のニガリを用いているため、その日の温度に合わせた量やタイミングに細心の注意が求められます。できあがった製品は非常に柔らかく、壊れやすいため、丁寧に容器に詰めなければなりません。さらに高濃度の豆乳を用いているため、絞り機の詰まりが激しく、メンテナンスにも時間をとられます。こうしたことはすべて手作業で行うため、いくら資本力がある大手メーカーといえども、大量生産することは極めて難しいわけです。そもそも消泡剤を使わずに豆腐をつくるためには、機械などの設備を変更しなければならず、気軽な新製品投入というわけにはいきません。

発売から10年経った現在、〝豆太とうふ〟は北海道産大豆を用いた高級豆腐の老舗的存在となり、地元において〝愛される商品〟となっています。また食べ物の特性として、一度親しんだ味のブランドスイッチは比較的起こりにくいとよく指摘されています。

●従業員のモチベーション

最も強調すべき点として、従業員のモチベーションの変化が挙げられます。以前は極端なことを言えば、何時に出勤するかわからない従業員もおり、衛生管理も非常に低いレベルでした。社長が何を注意しようとも「どうせ安物だし」ということで終わってしまっていました。当時を振り返り、「自身においても、そういう甘えがあったかもしれない」と社長は語っています。

しかし、〝豆太とうふ〟が地元を中心としたメディアで大きく取り上げられるようになり、「近所の人から、あの高級豆腐の豆太で働いているんですね」と声をかけられるようになってから、従業員の意識は完全に変わりました。それまでは処理するように製造していたものの、現在ではパートも含め、従業員同士が高級豆腐に見合う品質となるようにお互いに注意し合い、さらに意見を出し合うようになってきており、「こうした雰囲気は現在の当社の最も強みである」と社長は語っています。

一般に中小メーカーの待遇は大手メーカーほど恵まれておらず、豆太も例外ではありません。しかし、〝プレミアム商品〟である〝豆太とうふ〟により、従業員19名（正社員7名・パート12名）全員が極めて高いモチベーションを持つ組織となっています。

豆太とうふのポイント

高級豆腐である〝豆太とうふ〟の開発・販売に際し、その事業に特化した会社をつくり、さらに3年後には当時、売上の中心であった従来の低価格の豆腐事業から完全に撤退し、

〝豆太とうふ〟に一本化しています。つまり単なる新製品という扱いではなく、退路を断った、「社運をかけた」事業という〝強い覚悟〟のもと、社長のリーダーシップにより全社一丸となって〝豆太とうふ〟に取り組んでいるわけです。

もちろん、徹底的に〝こだわった〟商品が他と明確に差別化されていたことも大きな成功要因です。強い商品力により大きな労力をかけることなく、その後の流通やプロモーションが従属的にうまく回り、さらに消費者から高いロイヤリティを獲得することにつながっています。

〝豆太とうふ〟の成功のポイントについて、社長に改めて確認したところ、その第一声は「運がよかった」でした。もちろん、謙遜しての言葉という側面もあるでしょうが、例えば販売直後の売上低迷期に取引先の銀行の支店長が商談会へ誘ってくれたり、また支店長自ら〝豆太とうふ〟をいろいろな取引先に紹介してくれたことは大きな励みになったと語っています。さらに、パッケージに用いているブランド名の手書きデザインは全くの無償で書道家が書いてくれたものです。加えて、釜メーカーを紹介してくれたボイラーメーカーの担当者や東京の老舗豆腐メーカーのスタッフからも全くの無償で多大なる協力を得ています。こうしたことは「運がよかった」としか言いようがないとのことでした。

確かにヒット商品が生まれる際に、よく「運がよかった」など、偶発的な要因が挙げられます。しかし〝豆太とうふ〟の開発に関する「素人だからできた」、「最初に、そろばんをはじくことは一切しなかった。そういう計算は後回しにして、とにかく最高のおいしい豆腐をつくることだけを考えた。」との社長のコメントを聞くと、〝強い覚悟〟を持ち、〝真摯に本物を極めようとする姿勢〟に周りの人が共感し、協力してくれたと捉えるべきでしょう。

◎関谷醸造（プレミアム・日本酒）

日本酒業界に関して、日本には1500社以上のメーカーが存在しているものの、十分な利益を獲得できているのは紙パックの低価格な日本酒を扱う一部の大手メーカーに偏っており、大部分を占める中小メーカーは厳しい経営を強いられています。こうしたなか、愛知県を拠点とする関谷醸造は大吟醸をはじめとするプレミアム・日本酒に着手し、大きな成功を収めています。その秘密とは何なのでしょう？

関谷醸造における〝プレミアム商品〟への取り組みを見ていきましょう。

日本酒業界

●酒造り

戦後の日本には、村ごとに日本酒メーカーがありました。さらに江戸時代にさかのぼれば、各集落レベルで点在していました。酒造りは新米が採れた後、10月－3月までの寒造りが主流となっています。日本酒の酵母は冬でも（寒くても）発酵するという特徴があり、また寒い時期は微生物の管理がしやすく、寒造りは理にかなっています。こうした酒造りは季節労働によって賄われました。農閑期に東北、上越、北陸あたりの農家から西日本の日本酒メーカーを中心に人が移動し、半年間、住み込みで作業を行い、春になると地元へ戻っていくというスタイルが主流でした。

●日本酒の販売

日本酒の消費に注目すると、日本酒は冬に飲まれる割合が圧倒的に高く、11－12月で年間需要の1/3を占めています。ギフト需要でも日本酒はお歳暮にはよいものの、お中元では大きく動きません。よって、冬は酒造りはもちろん営業をはじめ、全社的に極めて多忙となります。例えば、春夏は全社で10人いれば十分であっても、冬は酒造り10人、営業10人、瓶詰め10人の計30人を必要とするといった状況です。

●日本酒の市場

日本酒の販売シェア（2012年10月）を見ると、月桂冠の〝つき〟がトップで4・1％のシェアを獲得しています。この商品は2ℓ（リットル）の紙パックで876円、1ℓ当たりに換算すると438円となっています。2位は白鶴の〝まる〟で、こちらも2ℓの紙パックとなっており、シェア4・0％、1ℓ当たりの価格は456円となっています。

トップ5のすべての商品は紙パックであり、容量は2－3ℓで1ℓ当たりの価格は400－450円程度となっています。メーカーに注目すると、白鶴、月桂冠、宝、黄桜という全国的に有名な大手メーカーによって占められています。

一方、日本酒造組合中央会には1500社を上回る日本酒メーカーが加盟しており、そのほとんどは中小メーカーです。こうしたメーカーにおいて、紙パック製品のための生産設備、豊富な営業スタッフ、マス広告のための資金などを用意することは難しく、その多くが厳しい経営状況に置かれています。

中小メーカーが豊富な経営資源を有する大手メーカーと同質的な競争を行っても勝算は皆無に等しく、近年、知名度を増してきている〝大吟醸〟は、大手メーカーに対する中小メーカーの差別化戦略と捉えられます。

関谷醸造の「高く売る」戦略

関谷醸造は1864年、愛知県の山間部である北設楽郡で創業され、現在もその地で酒造りが行われています。資本金2千万円、従業員は39名となっています。多くの中小メーカーが苦境に立たされているなか、売上は前年対比5%、30年前と比較して2倍の規模に成長しています。販売先は卸売業者6割、小売業者3割、直販1割となっています。代表的な商品である純米大吟醸〝空〟は1・8ℓで7500円程度と高価格であるものの、入手が極めて困難な幻の酒として有名です。その他、関谷醸造は数多くの高級酒を取り揃え、売上の2/3を高級酒が占め、低価格競争とは一線を画し、順調に利益を上げています。

●トップの決断

昭和50年当時、日本酒業界はまだ景気のよい時代でした。しかしながら、将来的には市場環境の悪化が予想され、生き残りをかけた新たな戦略が求められていました。その頃、新潟の〝越之寒梅〟など、地酒ブームが起こります。名古屋からでも新潟の蔵元までわざわざ買いに行く客も現れていました。通常の日本酒の一升瓶が1500円程度であった時代、〝越之寒梅〟に対しては1－2万円でも客は納得して買っていました。実際に飲んでみると確かにおいしく、こうした日本酒が自社でもできないだろうかとの検討に入ります。

その結果、おいしさの秘密は原料と精米率にあることが判明しました。最高級の原料を使用し、磨けば磨くほど雑味がとれておいしい日本酒になるわけです。しかし、こうした条件で日本酒をつくるとなると、1・5倍程度のコストアップとなります。こうした商品の開発・販売には大きなリスクが伴うものの、トップの決断により実行することが決まりました。具体的には、最高の米を原料とし、すべての商品の精米を10％余計に行うこととしました。こうした酒造りには特別な技術が必要となりますが、新潟から働きに来ていた杜氏がその技術を持っていたという幸運にも恵まれています。

●流通業者への対応

こうしたコストアップのすべてを価格に反映させることは難しいと考え、流通業者へのバックマージンを廃止する方針を決めています。当時の日本酒の流通では、例えば10本入りの木箱に1本つけるというバックマージンが慣行となっていました。つまり約1割のバックマージンが普通であったわけです。こうしたバックマージンの廃止に対する反発は激しく、取扱いを止める店もしくは積極的には売ってくれない店が現れ始めました。

このように当初は苦戦したものの、それほど時間を要することなく、販売は好調に推移し始めます。味のよさを認めてくれた消費者から指名買いされるようになったのです。また〝10％余計に精米〟は極めて明確で消費者に対する有効なキャッチコピーとなり、口コミの広まりに大きく貢献しています。

当時は地元でしか消費されない日本酒でしたが、その後10年を経て、〝空〟や〝蓬莱泉〟という商品の知名度が大きく高まってきています。それに合わせ、東三河圏外でも商売ができるようになり、現在では名古屋からの取引が多く、30年前の倍以上の生産量となっています。

今後に関しては、全国区にしようという方針ではなく、「愛知中心の酒、目が届く範囲の商売でいい」、「出張にサラリーマンが来て、名古屋にいい酒があった程度でいい」と愛知県を中心にビジネスを展開していく意向とのことです。取締役はプレミアム・日本酒への着手を振り返り、「地酒、純米酒、吟醸酒ブーム（昭和50年代半ば－60年代）の最終列車に飛び乗ることができた」と語っています。

●包装

一般に〝プレミアム商品〟において重要になると考えられがちな包装は、関谷醸造の場合、極めてシンプルで、例えば瓶の色は商品により異なるものの形は同じです。また、化粧箱の形も統一されており、1つのラインで効率よく瓶詰め、梱包が行われています。こうした点にコストをかけないことは利益に大きく貢献しています。もっとも一部にはもっとおしゃれな瓶や化粧箱を望む消費者からの声もあり、市場の声の高まりに応じて変えていく意向もあるという柔軟な姿勢となっています。

●費用対効果

例えば、純米大吟醸酒である〝空〟の場合、米の価格は普通酒用の米と比較して2－3倍、精米率40－45%、精米時間80時間と、かなりのコスト高となっています。しかし、1・8ℓで7500円程度という高価格ながらも順調に販売できており、また他の多くの特定名称酒も同じように高価格ながら堅調に推移しているため、適正な利益を確保できています。

●〝プレミアム商品〟への姿勢

関谷醸造では、すべての商品に対して、「ちょっと高くても安心、いい酒」を目指しており、その価値はあると胸を張れる酒造りが行われています。また市場で商品力が評価されているため、原料の高騰があれば適正な値上げを行うなど、売上ではなく、利益重視の経営が実現しています。

中小企業と〝プレミアム商品〟

豆太や関谷醸造の事例は、大量の資金力を有する「大手メーカーにしか〝プレミアム商品〟は創造できない」というわけではないことを物語っています。また、〝プレミアム商品〟の市場への投入に際して、消費者にメッセージを伝えるための大量の広告投入が必須ではないことも示しています。

社長が〝覚悟〟を決め、大きなリスクをとり、強力なトップダウンのもと、組織一丸となり、こだわった商品づくりに没頭しています。また小さい組織ながらも、消費者ニーズをはじめ、市場の声を踏まえ、そのベクトルを突き詰めるような開発が〝一切の妥協なく〟実行されています。実際の製造においても、従来の何倍もの手間がかかっています。これらすべての行動のアウトプットとしての商品は他社商品と明確に差別化され、顧客から高いロイヤリティを獲得し、また流通業者のパワーを回避することにも成功しています。

こうした事態を考慮すれば、「中小企業の方が〝プレミアム商品〟を生み出しやすい土壌がある」とも言えます。もちろん、充実した研究開発やマス広告を行う資金も人材も不足していますが、中小企業なら社長のトップダウンや全社的取り組みを大手メーカーより、はるかに実施しやすいはずです。とりわけフルライン戦略により数多くの商品を取り扱うトップメーカーと比較すると、〝1つの商品にかける思い〟という点では中小メーカーにはるかに分があり、〝プレミアム商品〟の開発・販売は中小メーカーにとって、大手メーカーへの有効な競争戦略の1つになり得るのではないでしょうか。

11

プレミアムへの挑戦

◎5つのポイント

最後に本書のまとめをしていきます。

消費者の立場に立てば安売りは大歓迎ですが、その結果、多くの企業が適正な利益を出せなくなってしまうと、それは社会全体にとっても大きなマイナスとなります。雇用の悪化、税収減による行政サービスの低下、イノベーションが生まれないなどは社会にとって深刻な問題です。

さらに今後、台頭してくるであろう新興国企業に対して、日本企業にコスト面の優位性がないことは明らかです。よって、「高くても売れる」仕組みづくりは多くの日本企業にとって重要な戦略になるはずです。

もちろん、強いブランドの確立に成功すれば、それは素晴らしいことですが、ブランドが各消費者の心情に大きく依存する限り、企業が戦略的に取り組むことは難しい状況です。

よって、私は「高く売る」ことに対して、〝圧倒的な機能的価値の創造〟に注目すべきであると主張しました。その具体策として、「伝統的製品開発プロセスの枠組みから脱皮し、その前段である〝土づくり〟に注力しましょう」と述べてきたわけです。

こうした視点より、実際に成功している〝プレミアム商品〟に関する事例研究を実施し、〝理念〟、〝選択と集中〟、〝組織体制〟、〝システム〟、〝リーダーシップ〟という5つのポイントを抽出しました。

◆〝理念〟

この言葉は抽象的な響きですが、多くのスタッフが在籍する大きな組織で物事を進める場合、価値ある理念が共有されていれば大きな強みとなるはずです。景気動向、消費者ニーズなど、市場は常に変化しています。また企業である以上、コストを意識することも多々あるでしょう。

しかし、〝ハーゲンダッツ・モーメント〟のような理念が全社員で共有されていれば、いつの時代でも最高の商品づくりに全社員のベクトルは揃うはずです。

◆〝選択と集中〟

何かをすれば、当然のことながら、コストが発生します。よって限られた予算の中、多くの制約条件を抱えながら、事を進めていくことが一般的ですし、こうした状況でようりまくこなしていくことが腕の見せどころになるのかもしれません。しかし、そもそも大きな制約条件を抱えている状況では、〝こだわり〟を極めた〝プレミアム商品づくり〟は難しいと言わざるを得ません。なぜなら、こうした条件により、素材や製法が制限されるという問題が生じるだけではなく、〝プレミアム商品〟に関わるスタッフの士気も高まらないからです。つまり、制約条件は〝プレミアム商品づくり〟において重要となる〝物事を突き詰める〟ことを妥協させる都合のよい言い訳になってしまうのです。

こうした制約条件を外す有効な施策の1つに事業の〝選択と集中〟があります。日本人のメンタリティとして、何かを止めることには大きな抵抗があるようですが、まず1つひとつの事業を見直し、集中するべき事業を決定する必要があります。そのうえで注力すべき製品の開発においては、一切の制約条件を外すという〝環境づくり〟がプレミアム商品の開発において重要なポイントになります。資生堂のメガブランド戦略は事業の〝選択と集中〟を踏まえたプレミアム商品開発の重要性を示唆しています。

◆〝組織体制〟

既存の大きな組織体制の枠組みのままでも〝プレミアム商品〟を開発することは可能であるのかもしれません。費用対効果の面に注目すれば、そうするべきであるとも言えます。しかし、こうした場合、往々にして新たに開発された商品は既存商品の改良程度にとどまってしまいます。〝他を圧倒する機能的価値〟を保有する商品づくりでは従来の手法と決別し、一から新たに様々な手法を検討する必要がありますが、既存の組織体制のままでは様々な従来の慣習や仕事の進め方などに引っ張られてしまいがちです。

トヨタ自動車は一般にお金に非常にシビアな企業と言われていますが、レクサスに着手する際、既存の組織とは切り離し、新たにレクサス専用の組織を構築しています。もちろん、費用対効果の面では得策ではないと〝覚悟〟したうえでの決断です。こうした〝環境づくり〟は既存の商品と明確に区別された〝プレミアム商品〟の開発にとって重要なポイントになるでしょう。

◆〝システム〟

大きな組織の場合、そもそも自社にどんな技術があるのかさえ、誰もわからないのではないでしょうか。また、「部門間を超えた協力がうまくいかない」ということは日常茶飯事の出来事だと思います。こうした問題に対して、花王が基盤技術系の研究所を商品開発系の研究所と分け、どの事業部にも属さない形にしていることは注目に値します。結果、花王では基盤技術系の研究成果を様々な商品開発担当者に提供することが円滑に行われているわけです。

また、研究者の評価に関しては取得した特許数などを重視する企業も少なくないようですが、花王では研究員は基本的に「商品化にどれだけ貢献したか」という観点で評価されています。こうした評価システムにより、研究員は社内をこまめに回り、商品化の商談を持ちかけるという研究員とは思えない行動が一般化しており、〝全社を挙げた機能的価値づくり〟に貢献しています。

◆〝リーダーシップ〟

人はもちろん頑張ることに喜びを感じる半面、怠け者の一面も持ち合わせています。〝圧倒的な機能的価値の創造〟においては、ありとあらゆることに妥協しないことが重要なポイントになりますが、ある程度のところで諦めてしまうというのが世の常だと思います。こうした諦めを助長させてしまう時間やお金の制約といったすべての問題に対して、トップが責任を持ち、組織全体を強力に前進させる〝リーダーシップ〟が強く求められます。妥協させてしまう一切の要因を排除し、スタッフが「突き進むしかない」環境を整備する重要性は〝ザ・プレミアム・モルツ〟の事例からもよくわかります。

また、本書で取り上げた中小企業の事例においても、大きなリスクを伴う決断を下し、組織を引っ張るトップのリーダーシップにより、他社と明確に区別された〝プレミアム商品〟が誕生していることが明らかになっています。

◎2つのインプリケーション

最後に蛇足になってしまうかもしれませんが、〝顧客への挑戦！〟＆〝社是「高く売る」〟のすゝめをさせてください。

◆顧客との真剣勝負を楽しむ——顧客を満足させるのではなく、〝顧客への挑戦〟

〝安くてよい商品〟。絶対的に正しい標語のように、とりわけ日本でよく耳にするこの言葉ですが、企業なら当然、儲けたいはずです。それは100％正しいことです。なのに、なぜよい商品をわざわざ安く売らないといけないのでしょうか？　そもそも本当によい商品なのでしょうか？　それって、「まあ悪くはない商品だし、安いから許してよ」ではないでしょうか？　値段に甘え、頑張りきれていないのではないでしょうか？　よい商品を安く売る正当性なんてどこにもないはずです。

「日本の企業は徹底したマーケティングリサーチにより、顧客ニーズを把握し、それを満足させる商品をつくることに長けている」と、よく指摘されます。もちろん、それは概ね褒め言葉ですが、見方を変えれば顧客に媚びへつらった商品、いわば、まあ合格点には値する〝80点〟程度の商品に過ぎないとも言えます。大雑把に言えば、こうした〝80点〟の商品をリーズナブルな価格で提供することが、これまでの日本のビジネスモデルの特徴であったとも言えます。しかし、本書において何度も指摘している通り、現代の厳しい市場環境において、こうした製品では間違いなく、価格競争に巻き込まれてしまいます。

顧客満足を重視する日本企業とは対照的に、スイスの時計メーカーの社長は「わが社の目標は顧客を満足させることではなく、顧客を刺激することである」と語っています。こうした思想のもと、商品には独創的な機能やデザインが施されています。

顧客満足ではなく、〝顧客と真剣に対峙する〟という姿勢は日本企業の脱〝80点〟のモノづくりに大いに参考になると思われます。つまり、「安いから許して」という馴れ合いの関係ではなく、割高な価格に見合う価値を消費者に認めさせるという関係のもとで、初めて一切の妥協が許されない強い〝プレミアム商品〟が誕生するのではないでしょうか？

こうした、「顧客との真剣勝負を楽しむ会社、素敵だなぁ」と私は思います。

◆社是「高く売る」のすゝめ

社是を「高く売る」にする。これは少し言い過ぎかもしれませんが、案外、名案ではないかと思っています。企業の社是、社訓の類と言えば、なんとなく意味ありげな故事成語や四字熟語など、あまり刺激を受けないものが多い印象を受けます。その点、社是「高く売る」は簡単明瞭、新入社員でも瞬時に覚えることができます（忘れることも極めて難しい）。そもそも、とりわけ日本において、「高く売る」は、ぼったくるような悪い印象があり、清貧こそが美しく正しいような雰囲気があります。しかし、消費者は間違いなく馬鹿ではありません。情報技術の発展により、むしろ消費者の方が多くの情報を保持し、賢い場合も少なくはないでしょう。そんな消費者相手に高い価格を受け入れてもらうことは、企業として非常にチャレンジングな試みです。「価格の割にはよいもの」は穏やかな現状維持的発想ですが、「高くてよいもの」には消費者の目も厳しくなるでしょうし、極めて挑戦的目標と言えます。社是「高く売る」、極めて全うで企業が目指すべき尊いものであるはずです。仮に、社是「高く売る」という企業があれば、私ならその〝潔さ〟と〝覚悟〟に感服してしまいます。

極端な例ですが、例えばアメリカなら利益率5%を切ると、「もうそのビジネスは終わりだ」と会社を売り払ってしまうケースも少なくないようです。これを極めて短期的視点だと批判することもできますが、利益にこだわるその姿勢は見習うべき点もあるかもしれません。また、同じくアメリカの大学の売店でサンドウィッチを買おうとしたところ、価格が日本のコンビニなどの3倍程度（600円）で驚いたことがあります。しかし、よく見ると、ハムの厚さが日本の5倍以上はありました。日本のサンドウィッチのハムの極限状態の薄さに関して、あれほど薄くできる技術には感服するものの、そこまでしなくとも、多少価格が高くても、こういうサンドウィッチが食べたいし、こういう商売が全うではないかと感じたことを今でもよく覚えています。

エピローグ

本書では、〝プレミアム商品〟の製品開発の前段階に注目し、〝こだわり〟の源を探ってきました。こうした〝土づくり〟がうまく行われれば、本来、人間が持っている、〝頑張ることを楽しむ〟という側面が強調され、顧客満足を超える〝こだわり〟のある商品が生まれ、全社一丸となった「高く売る」仕組みが構築されていくことでしょう。

厳しい現代の消費者が「割高な価格を支払っても買いたい」と思う〝プレミアム商品〟について考えることは、どの部署の社員にとっても間違いなく、チャレンジングで楽しいはずです。そして、それは自然に強いモチベーションへとつながっていきます。

よって、1人でも多くの社員が参加できるプレミアム商品開発サークルのようなものを社内で立ち上げてみてはいかがでしょうか？

もちろん、すぐに大ヒット商品が誕生するとは限りませんが、参加したスタッフの〝モノづくり〟や〝顧客志向〟への意識が大いに高まるとともに、組織に対する愛着や仕事に対するモチベーションも飛躍的に向上すると思います。

これは間違いなく、強い会社への第一歩となるでしょう。

本書により、多くの日本企業から〝120点〟のプレミアム商品が生まれ、今後、台頭してくるであろう新興国企業に対する日本企業の競争優位性の創出に少しでも貢献できれば幸いです。

なお、本書は2010年に同文舘出版より出版された『プレミアムの法則』のデータや文献を活用し、一般読者向けに執筆しました。こうした詳細に興味のある方は前書をご覧いただければ幸いです。

最後に前書に続き、出版の機会を与えてくださった同文舘出版の社長 中島治久氏、ならびに同社営業部長の細谷芳弘氏、専門書編集部の角田貴信氏に心より御礼申し上げます。

2014年3月31日

大﨑　孝徳

10
・大﨑孝徳（2012）「プレミアム・日本酒の開発と育成：関谷醸造の事例を中心として」『生産管理』第18巻第2号，pp.193-198.
・関谷醸造・ホームページ（http://www.houraisen.co.jp/）.
・日本酒造組合中央会・ホームページ（http://www.japansake.or.jp/）.
・豆太・ホームページ（http://www.mameta.jp/）.

・レクサス・ホームページ（http://lexus.jp/）.

8
・JMR 生活総合研究所（2004）「シャンプー」（消費者調査 no.76）.
・花王・発表資料（2007.9.13），（2008.12.17），（2011.1.12）.
・日経ビジネス（2004.12.13）.
・宮脇賢治・石井淳蔵（2006）「個人愛着型ブランド“アジエンス”に見るもう1つの花王スタイル」『マーケティング・ジャーナル』vol.25 no.4, pp.39-43.
・Wisdom（NECビジネス情報サイト）（2008.2.25）「世界的規模の激戦区・シャンプー市場で勝利した花王のプレミアム戦略」（https://www.blwisdom.com/vp/premium/01/）.
・@cosme・ホームページ（http://www.cosme.net/product/product_id/2876751/top）.
・オピネット（2004）「ASIENCE」vol.25（http://www.opi-net.com/opiken/）.
・花王・ホームページ（http://www.kao.com/jp/）.

9
・JMR生活総合研究所（2007）「サントリー“最高の週末”提案し驚異の成長続ける“ザ・プレミアム・モルツ”」（戦略ケース no.422）.
・大﨑孝徳（2012）「プレミアムビールのマーケティング：“ザ・プレミアム・モルツ”の事例を中心として」『名城論叢』第12巻第3号, pp.1-16.
・サントリー・ニュースリリース（2001.3.21-2009.9.3）.
・週刊東洋経済（2006.12.9）.
・日経産業新聞（2007.7.26），（2008.8.7）.
・日経情報ストラテジー（2009.5）.
・日経ビジネス（2007.7.23），（2009.3.9）.
・日本経済新聞（2009.12.9）.
・プレジデント（2008.12.29）.
・Wisdom（NECビジネス情報サイト）（2008.3.3）「プレミアム戦略の代名詞“ザ・プレミアム・モルツ”成功への軌跡」（https://www.blwisdom.com/vp/premium/02/）.
・サントリー・ホームページ（http://www.suntory.co.jp/）.

7
・Guide to「THE LEXUS」(2005.4).
・HS250h HARMONIOUS DRIVING GUIDE（2009).
・J.D.パワー・プレスリリース（2012.8.28),（2012.9.26).
・JMR生活総合研究所（2007)「日本発のプレミアムブランドづくりに挑戦する“レクサス”」(戦略ケースno.423).
・LEXUS TOTAL CARE（2009.4).
・Osaki, T., (2013), “Premium Product Marketing: The Case of Lexus in Japan”. *Academy of Marketing Conference Proceedings*, no.39, pp.1-7, Cardiff.
・エコノミスト（2005.11.1).
・金子浩久（2005)『レクサスのジレンマ―ブランド商品化する自動車とマーケット』学習研究社.
・週刊東洋経済（2003.11.1),（2005.11.12),（2008.7.19),（2008.8.30).
・トヨタ自動車・ニュースリリース（2012.6.15).
・トヨタ自動車レクサス国内営業部（2004)『THE LEXUS』.
・トヨタ自動車レクサス国内営業部・小笠原流礼法宗家本部（2005)『こころとカタ』.
・中村真一郎・口中道重臣・奥山恵栄一・関健一・西崎慎吾・藤田一孝（2007)「レクサス品質実現への取組み活動」『トヨタ・テクニカル・レビュー』vol.55 no.2, pp.54-61.
・日経アーキテクチュア（2006.2.13).
・日経ビジネス（2005.11.28),（2007.3.12),（2007.8.6･13),（2009.4.6).
・原田淳一（2007)「レクサス品質への想い」『トヨタ・テクニカル・レビュー』vol.55 no.2, pp.6-9.
・フォーブス（2004.10),（2006.1).
・松本謙悟・中村暢夫・柴田秀一（2007)「見て、触れて感じる質感への取り組み」『トヨタ・テクニカル・レビュー』vol.55 no.2, pp.10-15.
・吉田健（2007)「レクサスの再構築」『トヨタ・テクニカル・レビュー』vol.55 no.2, pp.4-5.
・レクサス・ニュースリリース（2004.5.26-2009.10.21).
・Wisdom（NECビジネス情報サイト）(2008.4.7)「日本発のプレミアムカーをつくる！世界に通用するブランドへの挑戦」(https://www.blwisdom.com/vp/premium/03/).
・トヨタ自動車・ホームページ（http://www.toyota.co.jp/).

4
・経済産業省・製造産業局日用品室（2007）「生活関連産業の高付加価値化に向けた提言：暮らしの豊かさを提供する“生活創造産業”の実現に向けて」.
・経済産業省・製造産業局日用品室（2008）「生活者の感性価値と価格プレミアムに関する意識調査」.
・みずほ総合研究所（2008）「感性価値調査」.

5
・DIAMONDハーバード・ビジネス・レビュー編集部（2001）「ビジネスプロセスの質がブランドを支える」『DIAMONDハーバード・ビジネス・レビュー』7月号, pp.124-125.
・HDJ・ニュースリリース（2003.1-2009.12）.
・HDJ・ニュースレター（2007.5.25）vol.26.
・柴田典子・青木幸弘（2000）「ブランド価値創造への挑戦：ハーゲンダッツにみる統合的ブランド・コミュニケーション」『マーケティング・ジャーナル』no.78, pp.67-80.
・週刊東洋経済（2004.11.13）.
・HDJ・ホームページ（http://www.haagen-dazs.co.jp/）.
・日経トレンディネット（2008.3）「予想を3割上回る53億円！ハーゲンダッツの高級アイス“ドルチェ”」（http://trendy.nikkeibp.co.jp/article/column/20080305/1007716/）.

6
・OJO（読売ADリポート）（2006）「IMCから見た“TSUBAKI”のメガブランド戦略」vol.9 no.4・5.
・国際商業（2006.4）.
・資生堂（2007）「2007年度 中間のご報告」.
・資生堂・IR関連ニュース（2008.12.5）.
・宣伝会議（2006.5.15）no.693.
・グロービス・ホームページ（2008.8.29）（資生堂社長・前田新造氏―魅力ある人で組織を埋め尽くす）（http://www.globis.jp/609-5）.
・資生堂・ホームページ（http://www.shiseido.co.jp/）.

参考文献

1

・Aaker, D.A., (1991), *Managing Brand Equity*, The Free Press.［陶山計介・中田善啓・尾崎久仁博・小林哲訳（1994）『ブランド・エクイティ戦略：競争優位をつくりだす名前，シンボル，スローガン』ダイヤモンド社］.
・Aaker, D.A., (1996), *Building Strong Brand*, The Free Press.［陶山計介・小林哲・梅本春夫・石垣智徳訳（1997）『ブランド優位の戦略：顧客を創造するBIの開発と実践』ダイヤモンド社］.
・片平秀貴（1999）『新版パワー・ブランドの本質』ダイヤモンド社.

2

・Cooper, R.G., (1979), "Identifying Industrial New Product Success: Project NewProd". *Industrial Marketing Management*, vol.8 no.2, pp.124-135.
・Cooper, R.G., Kleinschmidt E.J., (1986), "An Investigation into the New Product Process: Steps, Deficiencies, and Impact". *Journal of Product Innovation Management*, vol.3 no.2, pp.71-85.
・Feldman, P. and Page, A.L., (1984), "Principles vs. Practice in New Product Planning". *Journal of Product Innovation Management*, vol.1 no.1, pp.43-55.
・Urban,G.L., Hauser, J.R. and Dholakia, N. (1987), *Essential of New Product Management*, Prentice-Hall.［林廣茂・中島望・小川孔輔・山中正彦訳（1989）『プロダクトマネジメント』プレジデント社］.

3

・Osaki, T., (2008), "Global Marketing Strategy in the Digital Age: An Analysis of Japanese Mobile Phone". *The Marketing Review*, vol.8 no.4, pp.329-341.
・大﨑孝徳（2008）『日本の携帯電話端末と国際市場：デジタル時代におけるマーケティング戦略』創成社.
・大﨑孝徳（2009）『ITマーケティング戦略：消費者との関係性構築を目指して（増補版）』創成社.
・嶋口充輝（1994）『顧客満足型マーケティングの構図：新しい企業成長の論理を求めて』有斐閣.

【著者略歴】

大﨑 孝徳（おおさき・たかのり）

名城大学経営学部教授.
1968年，大阪市生まれ．民間企業勤務後，長崎総合科学大学助教授，ワシントン大学マイケルGフォスター・ビジネススクール客員研究員を経て，現職．九州大学大学院経済学府博士後期課程修了，博士（経済学）.
主な著書・論文に，『プレミアムの法則』（同文舘出版，2010年），“Global Marketing Strategy in the Digital Age: An Analysis of Japanese Mobile Phone,”*The Marketing Review*, vol.8 no.4, 329-341. 等がある.

平成26年6月10日　初版発行
平成29年9月11日　初版4刷発行　　略称：高く売る

「高く売る」戦略
—プレミアム商品“こだわり”の源を探る—

著　者 © 大　﨑　孝　徳
発行者　中　島　治　久

発行所　同文舘出版株式会社
東京都千代田区神田神保町1-41　〒101-0051
電話　営業(03)3294-1801　編集(03)3294-1803
振替 00100-8-42935　http://www.dobunkan.co.jp

Printed in Japan 2014
製版：一企画
印刷・製本：三美印刷

ISBN 978-4-495-38381-7